바꾸지 않으면
바뀌지 않는다

바꾸지 않으면 바뀌지 않는다

초판 1쇄 발행 ┃ 2024년 8월 1일

지은이 ┃ 김진혁
그린이 ┃ 김서진
펴낸곳 ┃ 메이드인
등 록 ┃ 2018년 3월 5일 제25100-2018-000014호
주 소 ┃ 서울특별시 은평구 연서로10길 15-6
전 화 ┃ 070-7633-3727
팩 스 ┃ 050-4242-3727
이메일 ┃ madein97911@naver.com
ISBN ┃ 979-11-90545-49-5 03190

바꾸지 않으면 바뀌지 않는다

김진혁 지음, 김서진 그림

메이드인

에릭 번 작곡, 토마스 해리스 작사, 김진혁이 편곡 및 노래하는 책.

교류분석에 기초한 방법으로,

마음 성형 및 자존감 저하 해결법을 제시한다.

우리는 누군가의 잔소리가 부당한 명령이라 할지라도 나를 발전시키기 위한 필요악이라 생각했다. 그래서 묵묵히 따르는 것이 사회에서 성공하는 지름길이라 여겨왔다. 이런 이유로, 부당함에 저항하려는 마음보다 선배들의 조언을 따르는 것이 낫겠다는 판단을 했다. 왜냐하면, 나를 내세울수록 관계는 힘들어지고, 인내심이 없는 사람으로 낙인이 찍혔기 때문이다. 그래서 선택한 것이 상대에 대한 복종이었다. 복종의 대가로 착한 사람이라는 명성도 얻었고, 회사에서는 올라가는 지위와 월급봉투를 보면서 사회생활을 잘하는 사람이라 스스로 자부했다.

이런 삶의 결말은 어떠할까?

군에 입대한 후임병은 선임병의 횡포에 참아보려 애썼다. 군대라는 곳에 대해 이미 들어봤기 때문이다. 하지만 이것은 도가 넘어도 너무 넘어선 것 같다. 부당한 업무처리는 예사고, 선임의 잘못도 자신에게 떠넘기기까지 한다. 얼마 전에는 동료가 잘못한 것인데 나까지 잔소리를 들어야 했다. 거기까지는 참았다. 그런데, 가족을 들먹이며 애인까지 욕을 보이는 것은 정말 참을 수가 없다. 순간 후임병은 부당한 대우를 받은 것을 낱낱이 호소했다.

말로 대응하는 것은 좋은 방법이다. 하지만 저항의 대가를 톡톡히 치러야 한다. 좋지 않은 방법은 참다못해 탈영하는 것이다. 최악은 군대 관련한 드라마나 영화에서 자주 볼 수 있는 비극적인 결말이다.

이런 사람들이 처음부터 공격성을 드러낸 것은 아니다. 처음에는 인내심을 가지고 적응해 보려고 노력했다. 하지만 인내하는 과정에서 자존감이 추락하는 것을 느꼈고, 얼마 남지 않은 자존감마저 한계를 드러냈다.

왕따는 부모가 만든다

아이는 식사를 하면서 "맛있다" "가장 좋아하는 음식이다"라는 말로 자신의 감정을 표현한다. 하지만 부모의 고민은 아이 입에서 음식물이 튀는 것이다. "밥 먹을 때 말하는 거 아니야." 하면서 말하는 것을 금지한다. 엄마도 아이가 밥 먹으며 말하는 것이 잘못이 아니라는 것은 안다. 다만 식사 도중에 말을 하다가 음식을 흘리거나 씹던 음식물이 튀는 것이 걱정이다. 아이가 입안의 음식을 다 먹은 후 말을 하면 흘리지도 튀지도 않고 말할 수 있다. 그런데 음식이 튈까 봐 식사 중 대화 자체를 중단시킨다.

이런 잔소리를 들으며 자란 아이는 하고 싶은 말이나 표현을 주저한다. 그리고 감정 표현에 익숙하지 못하다. 거절이나 자기 생각을 말하고 싶지만, 그랬다가는 부정적인 잔소리를 듣는다는 것을 잘 알고 있다. 차라리 입을 다무는 것이 편하고 쉽다. 아이는 어릴 적 부모로부터 적응된 방식을 그대로 적용하여 고민 없이 상황에 순종해 버린다.

문제는 이런 아이가 자라나 학교생활을 하는 중에 나타난다. 자기의 생각을 당당하게 말하지 못하는 아이들은 공격적인 아이들의 표적이 된다. 순종적인 아이들은 놀림을 당해도 참거나 조용히 삼켜버리는 특징을 가지고 있기에 별 뒤탈이 없다. 그래서 놀리기 쉬운 대상이다. 하지만 당당히 자기를 표현하거나 그런 상황에 맞서 싸우는 아이들은 당시에는 힘든 상황을 거치지만, 차후에는 그들을 만만하게 보지 않는다.

인내는 쓰다. 열매는 단가?

우리는 인내를 소중한 가치로 받아들인다. 인내는 쓰되 그 열매는 달다며 인내를 강조했다. 맞은 사람은 두 다리를 쭉 뻗고 잠을 잘 수 있지만 때린 사람은 웅크리고 자야 한다며, 화가 나도 참아야 하고 참는 자에게는 복이 온다고 위로했다. 그리고 상대의 위협이나 공격적 행동에 똑같이 반응하는 것은 공격한 사람과 같은 인간이라며 차라리 순종하는 것이 낫다고 배웠다.

그러나 순종의 결과가 반드시 달콤한 것만은 아니다. 순종은 커다란 스트레스를 수반하며, 그 결과 각종 암이나 우울증 등 후유증을 유발한다. 저항할 줄도 모르는 사람으로 낙인이라도 찍히는 날에는 또 다른 공격이 엄습할지도 모른다. 왕따를 당하거나 집단 괴롭힘을 당하는 아이들의 근본적인 문제점은 저항할 줄 모르는 순종에 있다.

순종은 공격이다

"순종은 공격이다."라는 말은 예의가 바르고 순종적인 사람들에게는 기존 패러다임을 흔드는 말이다. 유교적인 관념의 뿌리를 가지고 있는 사람에게 '순종적인 사람이 공격적'이라는 말은 과거 삶의 가치관을 흔들어 놓는다.

젊은 나이에 시집온 어머니는 시어머니를 모시며 순종적인 삶을 살아왔다. 분통이 터지는 일이 생겨도 입을 다물어야 했고 부당한 장면을 보아도 눈을 감고 살아야 했다. 30년을 넘도록 참고 살아왔는데 그 삶이 공격적인 삶이었다니 이해도 안 되고 혼란이 온다. "어머니, 이제는 시대가 달라졌어요. 변화의 흐름에 맞춰 살아야 한다니까요?"라고 또박또박 말대꾸하는 며느리가 오히려 밉기만 하다. 그리고 예의 없는 며느리로 보인다. 당신은 시어머니를 모시며 대꾸 한번 못하고 살아왔는데, 며느리에게 꼬박꼬박 말대꾸를 들으니 본전 생각이 난다.

'귀머거리 삼 년, 벙어리 삼 년, 소경으로 삼 년.'

며느리가 보기에 순종만을 강요받으며 살아온 시어머니가 가엽기도 하다. 측은하고 불쌍한 마음에 시어머니의 삶을 공감하며 대가로 복종을 보인 적도 있다. 하지만 그런 순종에 개운치 못한 맛을 느낀 며느리는 다른 선택을 한다.

'어머님이 그랬다고 나도 순종하며 살아야 하나?'

'내 주관대로 살면 안 되나?'

이런 감정이 쌓이다 보면 어느 순간 강한 발산 욕구를 느낀다. 그리고 참아왔던 감정이 폭발을 일으킨다. 그래서 순종적인 태도를 지켜온 사람들의 결말은 대체로 이별이다. 며느리와 시어머니는 분가하고 상사와 부하는 이직으로 결별한다.

우리는 대체로 겉 다르고 속 다른 삶을 살아왔다. 참는 것이 미덕이라는 미풍양속 아래 가면을 쓰고 살아왔다. 이제는 달라져야 한다. 순종 때문에 결별을 맞이하는 연결고리를 끊어야 한다. 순종은 공격을 위한 예비 동작이며, 순종의 결말은 파국이라는 것을 깨달아야 한다. 순종은 태생 자체가 공격성을 잉태하고 태어났기 때문이다.

마음 성형을 해야 한다

로버트 치알디니는 그의 저서 《설득의 심리학》에서 호감의 법칙을 설명한다. 예쁜 얼굴을 가진 사람은 호감을 얻기 쉽고, 상대를 끌어당기며 긍정적인 영향을 준다고 했다. 이런 이유로 연예인들은 남녀를 막론하고 성형의 유혹을 뿌리칠 수 없다. 오죽하면 예쁜 피고인은 무죄판결을 받을 가능성이 크다고 하지 않는가? 그러므로 외모가 자산인 연예인들은 성형과 몸매 가꾸는 일에 게을리하지 않는다. 그것만이 그 세계에서 도태되지 않고 살아가는 길이라고 생각한다.

호감을 얻기 위해서는 얼굴과 몸매만이 전부는 아니다. 분위기, 성격, 목소리, 가치관, 유머, 배려하는 마음 등으로 상대 마음을 얼마든지 움직일 수 있다. 외모는 단지 호감을 이끄는 하나의 속성일 뿐이지 전부는 아니다. 그래서 위 요소들을 통제할 수 있는 마음 성형이 중요하다. 마음 성형은 가격도 싸다. 외모 성형에 들어가는 비용 중 아주 극소한 비용만을 들여도 마음 성형이 가능하다. 성격을 고치고 태도를 바꾸는 것이 단지 심리학자나 정신과 의사만의 영역이 아니기 때문이다. 그리고 세상에는 마음 성형의 정보가 널려 있다. 다만 찾지 못하고 그 영역에 첫발을 내딛지 못했을 뿐이다.

도금인 사람은 자신이 금이라고 외쳐댄다

마음 성형이 가장 필요한 사람이 있다. 자신이 금이라고 외쳐대는 사람들이다. 하지만 진짜 금은 자신이 금이라고 말하지 않는다. 그럴 필요가 없다. 누구나 금이라고 인정하기 때문이다. 도금만이 자신을 금이라고 외친다. 뭔가 부족하고 마음이 공허한 사람들, 자존감이 부족한 사람들, 삐뚤어진 태도로 살아가는 사람들, 타인의 말에 삐딱한 시선을 가지고 심리게임을 거는 갈등 유발자들, 이들은 모두 마음 성형이 필요하다.

마음 성형이 필요한 사람들은 자아상태를 진단함으로 알 수 있다. 이들은 윈-윈이 아닌 패러다임으로 세상을 살아간다. 윈-윈이 아닌 패러다임은 관계를 힘들게 만들고 상대의 어떤 말에도 예민하게 반응하며 굳이 생각해볼 가치도 없는 일에 상상력을 동원한다. 이러한 태도를 지닌 부모는 자녀를 공격적으로 또는 순종적으로 만들고 그 결과 자녀는 문제아나 왕따로 자라난다. 자녀가 문제아나 왕따가 되는 것은 대체로 부모 책임이다.

학창 시절 부모가 문제아였거나 왕따였던 사람이라면 그런 기질은 다시 자녀에게 유전되기 쉽다. 부모의 양육 태도가 자녀의 무의식 속에 전이시켰기 때문이다. 그래서 이혼 부부의 자녀가 이혼할 확률도 높다. 하지만 부모의 사랑을 듬뿍 받고 자란 자녀는 그 사랑을 되물림한다.

부모의 양육 태도가 자녀의 삶에 영향을 준다는 연구는 많다. 건강한 삶을 원한다면, 긍정적 대인관계를 원한다면 자기 마음을 변화시키는 해야 한다. 자녀의 삶이 풍요롭기를 원한다면 더더욱 필요하다. 우리가 추구하는 행복, 사랑, 자존감, 좋은 관계, 갈등관리, 양육 태도 등의 밑그림은 바로 마음 성형이다.

‖ 차 례 ‖

4장. 마음 성형 1단계 - 자아상태 활성화

5장. 마음 성형 2단계 - 심리게임에서의 해방

6장. 마음 성형 3단계 - 자존감 구출

1장.

순종의 이면은
공격이다

착한 가희 씨의 돌변

경영지원팀장은 조금 보수적이고 완강한 사람이다. 그는 평소에 말이 많은 편은 아니지만, 언쟁이 생기면 말을 길게 늘어놓는다. 그 때문에 부하직원들은 팀장과 부딪히는 것을 꺼렸고, 한 번 찍히면 호되게 당한다고 생각해 평소 복종적인 자세로 일관했다.

팀원 중에는 3년 정도 근무한 두 직원이 있었다. 두 사람은 입사 동기이며 평소 친하게 지내는 사이였지만 성격 면에서는 달랐다. 옥선 씨는 쾌활하고 적극적인 사람이지만, 가희 씨는 아주 착하고 순종적인 사람이다. 옥선 씨는 상하좌우 인간관계가 좋았으며 특히 팀장에게도 싹싹하고 말도 수월하게 잘하는 사람이었다. 반면 가희 씨는 평소 말수가 적고 업무적인 면에서 빈틈없이 일하는 사람이었다.

예고 없는 팀장의 야근 지시에도 대처하는 방식은 달랐다. 옥선 씨는 급한 용무 핑계나 중요한 집안 행사를 핑계로 야근을 요리조리 피해 다녔다. 팀장에게 "왜 당신만 이리저리 핑계를 대면서 야근을 피하느냐?"는 말로 지적도 받았다. 반면 가희 씨는 갑자기 지시하는 팀장의 야근명령에 아무런 대꾸도 하지 않았다. 오히려 묵묵히 일하면서 요리조리 피해간 옥선 씨의 업무까지 떠맡아 처리했다. 그녀는 날을 새며 근무하는 날이 많았기에 다음 날 오전에야 퇴근하는 일도 잦았다. 새벽에 퇴근한 날도 중요한 업무처리 때문에 아침 늦게 출근했다가 지각으로 오해받은 적도 있다. 그녀는 갑작스런 야근으로 모임에 못 나간 적도 있고, 남자친구와 데이트도 어겨 결국 헤어지게 되었다.

평소 가희 씨는 인간관계도 좋았다. 착하다는 소리를 자주 들었으며 회의할 때는 자신의 의견만을 주장하기보다는 타인의 마음을 헤아려주고 지지해주는 좋은 동료였다.

문제는 얼마 후 나타났다. 인사 시즌이 되자 팀장들은 자기 팀의 진급대상자 목록을 받고, 해당하는 사람의 추천서를 작성했다. 그런데 경영지원팀장은 옥선 씨의 진급추천서는 작성하여 올렸지만, 가희 씨는 진급추천을 하지 않았다. 시간이 흘러 상황을 파악한 가희 씨는 무척 분노했고 팀장에게 달려가 따지듯이 말했다. 어떤 야근도 서슴지 않고 팀장의 말에 복종만 했노라고 하소연했다. 그녀는 자신이 팀에 기여한 공로를 말하며, 왜 추천하지 않았는지 이유를 물었다.

그러자 경영지원팀장은 자신의 컴퓨터를 열어 보여줬다. 팀장의 엑셀 파일 안에는 그동안 팀원들에 대한 메모로 가득했다. 팀원들의 지각, 조퇴 등 근태가 빼곡히 적혀 있었다. 팀장은 가희 씨에 대한 메모를 보여주며 "이처럼 성실성이 결여된 가희 씨에게 추천서를 쓸 팀장은 아무도 없다."고 설명했다. 이 소리를 들은 가희 씨는 한동안 넋을 잃고 서 있었다가 조용히 자신의 자리로 돌아갔다. 그 후 가희 씨는 과묵해졌다.

며칠이 지난 후 급여일, 그녀는 오전부터 청소를 시작했다. 먼저 자신의 책상을 닦더니 자신이 사용하던 컴퓨터를 청소했다. 이어 자신의 컴퓨터 내부도 말끔히 청소하고, 사용하던 비품과 물건들을 모두 차에 싣고 회사를 떠나버렸다. 동료들은 영문을 알아보기 위해 가희 씨에게 연락을 취했지만 전화번호, 집 주소 등을 바꿔버리고 완전히 자취를 감추었다. 나중에 안 사실이지만 가희 씨가 사용하던 컴퓨터는 포맷된 상태였다. 모든 시스템을 복구 불능 상태로 만들어놓고 떠난 것이다.

과묵하고 일도 잘하던 가희 씨가 왜 이런 일을 벌였을까? 사귀던 남자친구와의 데이트마저 포기하고 회사에 충성하던 그녀가 왜 이처럼 돌변한 것일까?

그녀는 아마도 팀장에 대해 심한 배신감을 느꼈던 것으로 보인다. 팀장은 그녀의 처지나 노력 등을 알아주지 않았다. 아침에 지각했을 때 왜 늦었냐고 묻지도 않았다. 오직 지각 시간만 기록했다. 경영지원팀장은 자신이 시켜놓고 가희 씨가 야근한 사실도 몰랐고, 그녀의 지각 사실만을 기록했다. 가희 씨도 그런 팀장에게 쌓였던 분노가 폭발한 것이다.

참았다가 일어나는 사건들

말 잘 듣던 신입사원이 사표를 썼다

어느 날 팀장은 당황했다. 입사한 지 6개월밖에 안 된 신입사원이 사표를 제출했다. 신입사원은 매우 명석하고 똑똑하며 품성도 훌륭했다. 그는 요즘 신입사원들과 다르게 상사나 동료에게 고분고분하며 말도 잘 듣는 편이어서 앞으로 회사의 커다란 재목이 될 것이라는 좋은 평판도 받았다.

그러던 그가 갑자기 사표를 냈다. 팀장은 그 사원에게 퇴사 이유를 물었다. 사원은 실무를 하다 보니 자신의 부족한 점이 보였다고 한다. 그런 이유로 반성도 많이 했고, 공부를 좀 더 해야

겠다는 마음이 들었다고 한다. 당황한 팀장은 그의 품행과 업무 처리능력을 칭찬하였고 퇴사도 만류했다. 하지만 그의 공부를 향한 집념은 꺾지 못했다. 팀장은 그동안 열심히 근무한 그를 위해 특별히 송별회도 준비했다. 그리고 더 열심히 공부하여 재입사를 하여 만났으면 좋겠다는 말도 잊지 않았다.

그 후 그 신입사원과는 한동안 소식 없이 지냈다. 그런데 어느 날 동종 업종끼리 모이는 팀장 모임에서 충격적인 사실을 듣게 되었다. 자신이 아끼고 사랑하던 그 신입사원은 공부를 더 하기 위해 대학원에 진학한 것이 아니었다. 공부는 거짓말이었고, 다른 회사로 이직한 것을 알게 되었다.

참는 것은 살인의 선행 조건이다

최근 언론에 많이 보도되는 사건 중의 하나가 아파트 소음으로 인한 갈등이다. 같은 아파트에 거주하는 주민들이 층간소음 문제로 다투다가 살인사건으로 이어졌다는 뉴스를 자주 접한다. 이런 문제는 언제든지 나에게도 일어날 수 있다. 특히 어린 아이들을 키우는 가정은 더욱 신경 쓰인다. 대부분 가정에는 아이들이 있고, 모든 아파트가 층간소음에서 자유롭지 못하기 때문이다.

층간소음 살인사건은 초기 대응방식에 문제가 있다. 층간소음 상황을 접한 가정은 인터폰이나 관리사무실에 연락하여 정중히 요청할 수 있다. 하지만 위층에서 쿵쾅거리면서 시끄럽게 소음을 낼 때, 아래층 사람이 관대하게 받아들이는 것이 문제다.

아래층 사람은 '아이들이니까 조금 시끄럽게 놀 수도 있지'라고 생각하면서 그대로 방치했다. 다음 날에도 위층으로부터 소음이 들렸다. 아래층 사람은 화가 나지만 또 참았다. 그리고 다음 날, 또 다음 날, 이렇게 시간은 지나 주말이 되었다.

착하고 관대하다는 소리를 자주 듣던 아래층 사람은 야간 근무를 하고 새벽에 들어온 날, 피곤한 몸으로 오전에 잠자리에 들려 하는데 갑자기 몰아치는 소음에 짜증이 밀려왔다. 그는 그동안의 인내를 팽개치고 단숨에 위층으로 올라간다. 화가 머리 끝까지 오른 아래층 사람의 손에는 야구방망이가 들려 있었다. 초인종을 누르지도 않고, 손에 쥔 야구방망이로 문을 쿵쿵 찍었다. 아무 영문도 모르는 위층 주민은 야구방망이로 현관문을 쳐대는 아래층 사람에게 반말로 위협했다. 거친 말이 몇 번 오간 후 결국 큰 싸움으로 번지고 말았다.

TV에서는 잉꼬부부로 소문난 연예인 커플이 자주 나온다. 결혼한 지 5년이 넘은 연예인 부부가 손을 꼭 잡고 부부 금실을 자랑했다. 그런데 5년이 지나도록 한 번도 싸운 적이 없다며 자랑한다. 잉꼬부부의 비결을 묻자, 서로 아껴주고 사랑하고 배려하는 마음으로 대하다보니 싸울 일이 없다고 했다. 방송 내내 부부는 두 손을 놓지 않았다. 이들의 행동은 시청자들에게 부러움의 대상이 된다.

얼마 후 잉꼬부부로 유명했던 연예인 부부의 이혼 소식이 들려왔다. 결별 이유는 성격 차이라고 한다.

여기서 생각해볼 문제가 있다. 5년이 지나도록 한 번도 싸우지 않은 부부가 과연 있을까? 만약 있다면, 그들은 아마 둘 중 하나일 것이다. 첫째, 부부가 같은 물리적 공간을 사용하며 정서적 교류가 없었다면 가능하다. 같은 공간에 살더라도 서로 부딪칠 일이 없으면 싸울 일도 없다. 둘째, 같은 공간에서 정서적 교류도 함께하며 5년 동안 한 번도 싸운 적이 없다면 분명코 한 사람이 참은 것이다.

참는 것은 정신적으로 이롭지 못하다. 자신의 감정의 흐름을 방해하기 때문이다. 하지만 우리 사회는 전통적으로 인내를 중요한 미덕으로 강요했다. 그러고는 참다가 참다가 화를 내면 온

당한 것으로 여기고 그동안의 인내를 칭찬한다. 이는 주변인들에게 "나라도 화를 냈을 거야."라는 동의를 얻어낼 수 있다.

하지만 인내는 공격의 뇌관이란 점이다. 참는 내내 또 다른 공격을 준비하고 있다는 것을 잘 모른다. 순종은 공격성을 정당화하기 위한 인내의 과정이다. 그래야만 다른 사람들이 나의 공격성을 정당 행위로 인정해주기 때문이다.

순종하던 고객이 공격적인 행동을 한다

다음 사례는 순종이 공격으로 이어진다는 말을 분명히 증명한다.

어느 백화점에서 일어난 일이다. 고객은 지난번 구매했던 물건에 하자가 있다면서 교환 또는 반품을 요구했다. 백화점 점원은 이미 사용하였거나 영수증이 없이는 곤란하다면서 요구를 거절했다. 고객은 머뭇거리며 조금은 어눌한 말투로 사정을 이야기했다. 하지만 시간이 지날수록 점원은 곤란함을 표현하며 다른 고객도 응대해야 하니 단념해달라고 부탁했다. 손님의 지속적인 요구에 점원은 회사의 규정상 반품도 교환도 할 수 없다며, 손님 잘못도 있으니 받아들이라고 말했다. 짜증 섞인 백화점 직원의 태도에 고객은 알겠다며 단념했다.

그런데 며칠 후에 백화점 홈페이지에 난리가 났다. 얼마 전 구매한 물건에 대하여 하자를 요구하던 손님이 게시판에 불만을 표출한 것이다. 고객은 당시의 상황을 정확하게 적었으며 논리적으로 백화점 점원의 문제점을 지적했다. 당시 손님의 어눌했던 말투와 비교해 보면 전혀 다른 사람의 글처럼 보였다. 게시판을 읽던 점원은 그런 일은 사실무근이라며 손님과의 기억을 떠올리며 댓글을 달았다. 손님의 주장은 억지이고 친절사원으로 뽑힌 경험까지 말하면서 자신의 응대는 정당했다고 주장했다. 그러자 고객의 댓글은 아주 간단하다.

"당신이 정말 그런 적이 없었나요? 정말 이러고 싶은 마음은 추호도 없었지만, 당신의 태도를 보고 화가 나서 어쩔 수 없이 공개합니다."

고객은 사건 당일 녹음했던 파일을 올렸다.

고객은 왜 이런 행동을 한 것일까? 그리고 처음부터 이럴 생각이 없었다면 이 고객은 왜 녹음을 시작한 것일까?

고객은 반품 또는 교환하는 과정에서 공격성이 생겼다. 다만 공격적인 마음을 숨겼을 뿐이다. 자신의 공격성이 정당화되는 순간까지 참고 견디며 자기편이 만들어지기까지 순종으로 가장한 것이다. 이런 과정에서 순종적인 태도를 보인 사람은 좋은 사람으로 인식되고 착한 사람으로 보인다. 이면에 숨겨진 공격성을 간과한 것이다.

자신의 공격성을 숨기지 않은 사람은 어떻게 행동할까? 공격적인 사람은 의외로 단순하다. 자신이 구매한 물건에 하자가 있다고 큰소리로 떠들며 물건을 던져버린다. 그는 지금 자신의 마음을 헤아려달라고 사람들에게 호소하고 있다. 그런 그의 분노를 어루만져 주고, 물건을 교환해 주면서 사은품까지 제공하면 흡족한 얼굴로 돌아간다.

결핍 동기와 성장 동기

선배들은 인내를 강요했다. 참고 견딘 자만이 미래를 쟁취할 수 있다고 하면서 무작정 인내를 강요했다. 하지만 인내도 장래의 모습에 도움이 되는 인내와 그렇지 못한 인내가 있다.

일찍이 매슬로(Maslow)는 사람이 어떤 행동에 근간이 되는 동기에는 2가지가 있다고 말했다. 결핍 동기와 성장 동기가 그것이다.

결핍(deficit) 동기는 자신의 부족함을 채우는 동기다. 예를 들면 배고픔을 해소하기 위해서 먹을 것을 찾는 것처럼 부족함을 메우기 위해 마음을 움직이는 동기다. 결핍 동기의 예로는 가난함을 극복하는 것, 졸린 것을 참아내는 것, 상처로부터 아픈 것을 참아 이겨내는 것 등이 있다. 결핍 동기는 현재 마이너스(-) 상황이기 때문에 문제가 해결되어도 플러스(+) 상황은 아니다. 오직 부족한 상황을 메울 뿐이고 메워도 제로(0) 상태가 된다.

그러나 성장(growth) 동기는 다르다. 성장 동기는 지금보다 나은 자기 모습을 위해 노력하는 동기이다. 유명한 야구선수가 되기 위해 열심히 밤낮으로 체력단련을 하는 것과 같다. 또는 어려운 사람들에게 진료 혜택을 주기 위하여 열심히 의학을 공부하는 것과 같은 이치다. 현재가 마이너스(-) 상황이든 제로(0) 상황이든 자신의 미래를 플러스(+) 상태로 설정해놓고 노력하는 성장 지향적 자기조절능력이다. 이는 미래를 위해 현재의 충동을 조절할 줄 아는 능력으로 다니엘 골먼이 이야기하는 EQ(emotional quotient, 감성 지능)와 비슷한 개념이다.

그렇다면 성장 동기가 높은 사람과 낮은 사람은 어떤 차이가 있을까? 성장 동기가 높은 사람인가 아닌가를 구분해 보는 유명한 실험이 있다.

어린아이에게 맛있는 사탕 하나를 주고 15분 동안 사탕을 먹지 않고 참을 수 있다면 두 배의 보상을 준다고 말한다. 더 나은 미래를 위해 자신의 욕구를 조절할 줄 아는 사람인가, 아니면 지금의 욕구를 채우기에 급급한 사람인가를 알아보는 실험이다. 이 실험의 결과는 놀랍다. 훗날 자신을 통제할 줄 아는, 즉 성장 동기가 발달한 아이는 학업 및 업적의 성취 면에서 더 좋은 결과를 얻었다. 즉 성장 동기는 자신을 발전시키기 위한 중요한 인자로 규명되었다.

우리는 어릴 적부터 참을성을 강요당했다. 나이가 많으면 많을수록 강요된 인내의 깊이는 더했다. 그리고 참을성을 정당화하기 위한 격언도 만들었다. "인내는 쓰되 그 열매는 달다."

인내는 누가 선택했는가에 따라 두 가지가 있다. 첫째는 내가 선택한 인내다. 내가 선택한 인내는 내가 하고 싶어서, 내가 좋아하니까, 그리고 내가 생각했을 때 나름대로 의미가 있는 일이기 때문에 선택한 것이다.

둘째는 타인으로부터 강요된 인내다. "참아야 착한 사람이다. 참는 자에게 복이 있다. 참을 인(忍) 자 세 개면 살인도 면할 수 있다." 등으로 어릴 적부터 강요된 인내다. 참는 사람은 두 다리를 쭉 뻗고 잘 수 있지만, 상대는 그렇지 못하다는 말로 우리에게 인내를 강요해왔다. 인내의 결과 자체는 훌륭한 열매였다. 참을성이 강한 사람으로 인정받게 되고 훌륭한 사람이 될 수 있는 자질을 갖춘 사람이라고 칭찬했다. 인내하는 사람이 성공하며, 고통을 참는 사람만이 훌륭한 사람이 된다고 기성세대들이 정의해 놓았다.

잘 참는 사람이 정말로 훌륭한 사람이 될까?

위인전에서 나오는 훌륭한 인물은 자신에게 닥친 고통을 감내하면서 이겨냈기에 위대한 업적을 이룰 수 있었다고 말한다. 하지만 그 인내가 강요된 인내인지, 선택한 인내인지 답을 찾기는 어렵다. 전통적으로 참는 것 자체에 중점을 두고 인내만을 강요하며 훌륭한 사람들의 모습으로 일반화시킨 것이다. 이런 인내를 확인도 하지 않은 채 미덕으로 삼는 것은 교육적으로 문제가 많다.

또한, 우리가 선택해야 하는 인내가 단순한 결핍 동기인지 성장 동기인지도 구분할 필요가 있다. 단순한 결핍 동기에 무한정 참을 것을 강요하는 것은 바람직한 인내가 아니다. 그런 인내는 성공적 미래에 결코 도움이 되지 않는다. 부족한 수면은 대표적인 결핍 동기다. 시험을 앞둔 청소년들에게 졸음을 참아내야 좋은 성적으로 얻을 수 있다고 말한다. 하지만 졸린 눈을 비비며 밤늦게까지 공부하고 다음 날 수업시간에 졸면 무슨 소용이 있는가? 허벅지를 찌르며 졸음을 참고 공부하다가 다음 날 시험시간에 졸아버리면 더 큰 낭패가 아닌가? 따라서 인내를 강요하는 내용물이 결핍 동기여서는 안 된다. 이는 아무리 강요해도 긍정적인 미래와는 거리가 멀다. 그냥 충분히 채워주는 것이 낫다.

하지만 요구하는 인내가 성장 동기라면 추천할 만하다. 바람직한 미래를 위해 지금의 고통을 참고 견뎌내면 좋은 날이 올 것이라고 용기를 주는 행동이다. 당장 먹고 싶은 사탕이 있지만 차후 2배로 보상이 따를 수 있다는 기대감을 안고 현재의 고통을 즐길 수 있기 때문이다.

순종과 공격은 원래 하나였다

순종이 공격성을 포함하고 있다는 말은 학문적으로 어디에서 찾을 수 있을까?

얼굴이 험악하여 보기에도 겁이 나는 사람의 성격은 유순하기 짝이 없고, 전혀 그럴 것처럼 보이지 않던 얌전한 고양이가 부뚜막에 먼저 올라가는 모습을 흔히 본다. 건강한 육체를 가진 상남자 같은 사람이 의외로 저질 체력이고, 깡마르면서 나약하기 그지없는 사람이 알고 보니 조직 폭력배의 두목으로 밝혀지는 뉴스도 종종 본다.

불가에 '색즉시공 공즉시색(色卽是空 空卽是色)'이라는 말이 있다. 있는 것이 없는 것이요, 없는 것이 있는 것이라는 말이다. 일반적으로 있는 것은 있는 것이고, 없는 것은 없는 것이다. 그런데 어떻게 있는 것이 없는 것이고 없는 것이 있다는 말인가?

이 말의 출발점은 동양철학을 언급하지 않고는 곤란하다. 서양철학은 항상 존재론에서 출발한다. 나를 연구하는 것을 출발점으로 삼고 있다. 그래서 인간의 본성에 대해 질문이 많다. "나는 누구인가?" "나는 어디에서 왔는가?" "나는 어디로 가는가?" 하는 질문들이 그것이다. 서양철학은 인간 자체에 질문을 던지며 탐구해왔다. 따라서 인간은 어떤 존재이고, 인간의 구성인자는 무엇인지에 관심이 많다. 애초에 인간의 본성은 선한지 아니면 악한지에 대하여 밝히려고 노력했으며, 인간의 행동을 설명하려고 어떤 논리를 가지고 접근해야 하는지에 관심을 가졌다.

하지만 동양철학은 조금 다르다. 동양철학은 한 개인을 놓고 다루기도 하지만 근본적으로 서로의 관계를 놓고 출발을 한다. 내가 있음에 네가 있고, 네가 있음에 내가 있다고 말한다. 하늘이 양이면 땅은 음이다. 산이 높으면 골이 깊으며, 골이 깊으면 산은 높다. 이러한 단계를 이해하기 시작하면 오르막이 있으면 내리막이 있으며, 내리막은 곧 오르막으로 가기 위한 출발점이라고 한다. 즉 음과 양, 높은 곳과 낮은 곳, 오르막과 내리막을 언급함으로써 서로의 관계를 규명하려 하고, 그 관계의 조화에 관심이 많다.

강하게 보임은 약함을 감추기 위함이다

아주 강하다는 것은 약함을 감추기 위한 것이요, 약하다는 것은 강한 점을 보여주기 위함이다. 사람의 삶도 굴곡이 있기 마련이다. 누구도 장미꽃만으로 뒤덮인 길만을 걷지 못한다. 유명 연예인 중에 젊은 시절 인기와 명성을 얻고, 엄청난 돈을 벌던 사람이 하루아침에 빈털터리가 된 모습을 보았을 것이다. 그는 잘나가는 시절, 최고의 정점을 읽지 못했다. 만약 이를 알았다면 정상에서는 오직 내리막길밖에는 없다는 점을 알았을 것이다. 한 번이라도 등산해 본 사람은, 정상에서는 오직 내리막뿐이라는 진리를 안다.

한 여성이 남편과 사별 후에 힘이 든 나머지 죽음까지 결심했다. 그러나 어린 자녀들이 눈에 아른거려 죽지 못했다. 앞으로 가자니 막막한 산이요, 물러서자니 커다란 절벽이라는 사면초가(四面楚歌)의 상황. 하지만 죽음까지 결심한 마음이면 어떤 일이든 할 수 있다는 마음으로 보험업에 뛰어들었다. 그녀는 전무후무의 성과를 내고 보험왕이 되어 회사 내 명예의 전당에도 올랐다. 그녀는 사면초가의 상황이 가장 밑바닥이었다는 점을 알았다고 한다. 바닥을 본 사람은 앞으로 오직 오르막밖에 없다는 점을 안다.

동양철학에서는 모든 이치를 자연법으로 보라는 말이 있다. 자연 현상을 보면 세상의 이치를 깨달을 수 있다는 말이다. 이런 깨달음은 나무의 성장 과정을 보면 쉽게 이해된다.

나무는 봄에 싹을 틔우고, 여름에 신록을 자랑하며, 가을에는 열매를 맺고, 낙엽을 통해 몸을 가볍게 만든다. 만약 여름에 자랑하던 나뭇잎과 열매를 가지고 겨울을 난다면 추운 겨울바람에 나뭇가지가 꺾이고 눈보라에 기둥이 부러질지도 모른다. 하지만 그 이치를 알고 있는 나무는 5월의 신록을 자랑할 무렵부터 뿌리를 통해 가득 모았던 물을 잎으로 내보낸다. 광합성 작용을 통해 양분을 만들어 열매를 맺는다. 가을에는 잎으로 올라가는 물을 중단시킨다. 이런 작용이 나뭇잎에 단풍이 들도록 만들고 나뭇잎들을 떨어뜨려 겨울을 이길 수 있는 가뿐한 몸으로 변신한다. 그리고 엄동설한이 되면 나무는 땅속 깊숙한 곳에서부터 서서히 물을 빨아올릴 준비를 한다. 나무는 생존하는 이치를 알고 있으며 적응력도 뛰어나다. 나무의 한해살이를 보면 겉으로 보이는 것만이 전부는 아니요, 보이지 않는 모습도 있다는 것을 알 수 있다.

많아도 적어도 힘이 든다

인간을 나무에 비유해보자. 나무는 물을 머금어야 살 수 있다. 물이 없으면 나무는 금세 메말라 버리고 생명을 유지할 수 없다. 반면 수다부목(水多浮木)이란 말처럼 많은 물은 나무에겐 해롭다. 너무 많은 물은 나무를 잠기게 하여 뿌리째 썩게 한다.

인간의 일상도 비슷하다. 돈이 없으면 삶이 곤란하다. 하지만 필요 이상의 돈은 오히려 해를 가져온다. 어떤 남자에게 매력 포인트가 없다면 문제다. 하지만 너무 매력이 넘쳐 이성이 끊이지 않는다면 그 경우에도 금세 문제로 이어진다. 무엇이든 넘치는 것은 부족함만 못하다.

순종적이라는 것도 공격적이라는 것도 한곳으로 치우치게 되면 문제가 된다. 세상을 살며 공격성을 가지고 살아가는 사람은 상대를 힘들게 만든다. 그들의 위협적인 말과 행동은 상대에게 위협과 불안감을 가중시키기 때문이다. 순종적인 자세는 처음에는 편안함을 주는 배려 깊은 행동으로 보인다. 하지만 시간이 거듭될수록 상대를 힘들게 만든다. 이런 의미에서 순종과 공격은 하나다.

2장.

현재를 즐기지
못하는 삶

현재를 살아가지 못하는 사람들

공격적인 사람은 자신의 입장만을 고수하려는 경향이 강해 남들의 흥미에는 관심도 없다. 따라서 자신의 스타일대로 어울려야 하고 자신이 좋아하는 방식으로 즐겨야 한다. 반면, 애석하게도 상대의 입맛에 길들여진 순종적인 사람들은 자신이 좋아하는 것보다 타인이 좋아하는 취향에 따르려 한다. 만약 그 취향이 자신이 진심으로 좋아하는 것이라면 문제가 없지만, 자신은 좋아하지도 않으면서 상대의 입맛에 맞추려 한다면 문제다. 이런 이유로 순종적인 사람은 현재를 즐기지 못하는 특징이 있다.

'죽은 시인의 사회'라는 영화가 있다. 로빈 윌리엄스가 모교에 선생님으로 부임하면서 시작하는 이 영화는 선배이자 선생님인 그의 특이한 수업 방식에 학교와 학생들은 놀람을 금치 못한다. 수업하는 도중에 책상 위로 올라가기도 하고, 수업 교재의 앞장을 찢기도 하며 학교에서 금지된 행동을 한다. 그는 대학입시 위주로 편성된 커리큘럼에 대항하여, 현재를 즐기는 학습, 관점을 바꾸는 학습 등 다양한 시도를 서슴지 않는다. 영화 중 로빈 윌리엄스는 '카르페 디엠'이라는 말로 학생들에게 현재를 즐기라고 말한다. 학업에만 청춘을 바치지 말고, 청춘을 즐기면서 자신이 가장 소중하게 여기는 일을 하라고 권한다.

현재는 한번 지나가면 그만이다. 현재라고 느끼는 순간 과거가 된다. 현재를 즐기지 못하는 이들은 '지금 여기(Here and Now)'에 마음을 두지 못하고, 과거 또는 미래에 마음을 빼앗겨 현재를 즐겁게 살지 못한다. 이런 마음 상태는 자신의 인생을 자신이 가꾸어 가지 못하고, 자기 주도성을 떨어뜨린다. 자기 주도성이 떨어지는 사람은 미래에 대한 불안감이 가득하며, 과거에 집착한 나머지 현재에 충실하지 못한다.

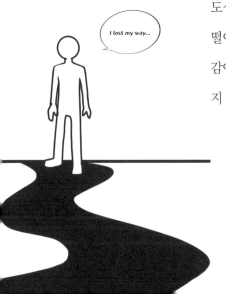

미래에 대한 불안감은 비전의 부재에서 생긴다. 명확한 비전이 없거나 내가 어떤 일을 어떻게 해야 할지를 모르기 때문에 불안감이 더해간다. 비전이 부재한 사람은 현재의 위치를 파악하지 못함에서 출발한다. 자신이 가야 할 길을 찾지 못한다는 것은 지금 어디에 있는지를 모르기 때문이기도 하다(김진혁, 2012). 자신의 현재를 파악하는 방법으로 지능검사가 많이 사용되었다. 우리가 잘 알고 있는 IQ 검사는 루이스 터먼이 개발하였고, 언어능력·수리능력·추리력·공간지각력 등 4가지 차원에서 비교한 인간의 지능검사이다. 그 후 하버드대학교 심리학과 하워드 가드너 교수는 다중지능이론을 발표하며, 언어지능/논리·수학지능/시각·공간지능/신체·운동지능/음악지능/자연지능/대인지능/자기이해지능 등의 8가지로 나누었다.

하워드 가드너는 본인이 개발한 다중지능의 개념과 기존의 지능개념 간의 가장 큰 차이점은 자기이해지능과 대인지능이 포함되어 있다며, 자신을 제대로 이해하지 못하면 미래의 설계에도 먹구름이 낀다고 지적하였다. 그는 8개의 지능 중에서 현재 가장 강한 지능에 해당하는 것을 자신의 미래로 삼으로 권한다. 그것이 미래를 제대로 설계하는 방법이라 주장한다.

현재를 즐기지 못하는 사람은 오지 않은 미래에 대하여 걱정도 많다. 막상 닥치지도 않은 미래에 대하여 이상한 시나리오를

짜놓고 각각의 구성별로 걱정을 한다. 그런데 조사에 의하면 우리가 하는 걱정거리의 40%는 절대 일어나지 않는 것이고, 30%는 이미 일어난 사건들, 22%는 사소한 사건들, 4%는 우리가 바꿀 수 없는 것들에 대한 것들이다. 나머지 4%만이 우리가 대처할 수 있는 진짜 사건이라고 한다. 즉, 96%의 걱정거리는 쓸데없는 것이다.

  걱정이 많은 사람들은 일반적으로 최악의 시나리오만 생각하는 경향이 있다. 다음은 우리가 잘 알고 있는 두 아들을 둔 부모의 마음이다. 첫째 아들은 짚신장사를 하고, 둘째 아들은 우산장사를 한다. 그래서 이 부모는 항상 걱정이다. 비가 오면 장남이 걱정, 날씨가 따뜻하면 둘째가 걱정이기 때문이다. 역으로, 비가 올 때는 둘째가 돈을 많이 벌어서 좋고, 날씨가 따뜻하면 장남이 돈을 벌어서 좋은 일이라고 생각할 수도 있는데 말이다. 혹여 좋지 않은 일이 발생하게 되면 어쩌나 하는 생각과 그 일로 인하여 꼬리에 꼬리를 물고 안 좋은 생각을 한다. 이 때문에 현재를 즐기지 못하며 산다.

  한편, 미래보다 지난 일에 집착하면서 살아가기 때문에 현재를 즐기지 못한다. 왕년에 내가 얼마나 잘나갔는데, 과거를 추종하며 현실을 왜곡하여 보기 때문이다.

사람들은 현실에 만족하지 못하거나 자신에게 불리한 상황이 발생하면 외부 환경을 부정적으로 보는 경향이 있다. 그것을 정치적 상황으로 연결시키기도 하고 사회적 기득권의 문제로 돌려버리기도 하며, 또는 아무 생각 없는 젊은 층의 문제라고 치부해 버리기도 한다. 한 발짝만 멀리서 바라보면 문제가 자신을 통해 만들어진 것이라는 것을 알 수 있는데도 외부 환경의 잘못으로 여긴다. 그런 사고의 습관이 편하고 쉬운 탓도 있다. 현실을 즐기지 못하는 사람들은 인지적 게으름 때문이다.

'지금 여기'에 집중하지 못하는 사람들

현재를 즐기지 못하는 사람들은 우리 주변에서 흔하게 볼 수 있다.

오지도 않은 사람들을 걱정하는 사람들은 동창회에서 자주 볼 수 있다. 이들은 동창회 장소에 도착하지 않는 친구나 참석하지 못한 친구들의 이야기로 일관한다. 참석하지 못한 친구와는 차후 전화해도 될 일을 굳이 동창회 장소에서 장시간 통화한다. 참석한 친구들과 대화를 나눌 시간도 부족할 텐데, 오지 않은 친구를 걱정하거나 오고 있는 친구에게 자꾸 전화를 걸어 시간을 낭비하고 있다. 이런 친구는 결국 모임이 파해야만 걱정이 끝이 난다.

오랜만에 모인 사람들끼리 정다운 이야기를 해도 모자랄 판에 급한 일로 오지 못한 사람과 문자 메시지를 주고받는 사람이다. SNS를 잘못 활용하고 있는 사람이다. SNS는 멀리 있는 사람을 가깝게 만들었다. 독일에 있는 친구나 미국에 있는 친구와 실시간으로 대화를 나눌 수 있다. 하지만 가까이 있는 사람을 멀게도 만든다. 아마도 그 사람은 문자를 주고받는 사람과 만날 때면, 현재 만나고 있는 사람과 SNS를 주고받고 있을지도 모른다. 이것이 전형적으로 '지금 여기'(Here and Now)를 제대로 파악하지 못하고 현재를 즐기지 못하고 있다.

한 모임에 참석했다가 인사만 하고 다른 곳으로 이동해 다른 모임에 가는 사람들이 있다. 결단력 부족으로 하루에 2개 이상의 모임을 잡아 놓고 한 곳에도 집중하지 못하는 사람이다. 그는 길거리에서 운전하며 대부분 시간을 보내고, 다음 모임이 파할 즈음에 모습을 드러낸다. 다음 모임에서도 인사만 하고 헤어지는 것이 전부다. 현재를 즐기기는커녕 시간 관리도 못 하고 관계관리도 망친다. 이들은 이미지 관리도 못 하면서 늘 바쁘게 살아간다.

친밀한 관계가 만들어질 상황이 되면 헤어지는 사람이다. 이들은 관계를 소중히 여기는 사람으로 보인다. 그리고 자신이 원하던 사람과 친한 관계를 만들기 위해 부단히 노력도 한다. 그런데 친밀해질 상황이 되면, 다른 제3의 인물을 찾아 나선다.

이들이 말하는 인맥을 살펴보면 외형적으로 잘 알고 있는 사람임에는 분명하다. 그러나 그 사람의 내부적인 사항은 잘 알지 못하는 경우가 다반사다. 편하게 말로만 호형호제할 뿐 그 이상도 이하도 아니다. 막상 잘 안다는 사람에게 이들의 존재를 물으면 잠깐 친해질 뻔했다고 말한다. 이런 부류들의 특징은 자긍심이나 자기존중감이 떨어진다. 그들은 낮은 자존감을 메우기 위해 유명한 사람들을 주변에 포진시켜 놓는다. 그런 사람을 보유한 자신이 가치 있는 사람이라고 착각한다. 일종의 과시욕으로 자신의 부족한 면을 인맥으로 메꾸려는 마음에서 출발한 안타까운 사람들이다.

순종적인 사람의 4가지 행동

디스카운트(discount)는 용어는 '깎아내리다'라는 의미를 가지고 있는데, 심리학에서는 현재 당면한 문제에 대하여 해결할 수 있는 정보를 자신도 모르게 무시하는 것을 일컫는다. '지금 여기(Here And Now)'라는 현실에서 찾을 수 있는 정보를 무시하거나, 과거 자신이 경험했던 상황에서 얻은 경험을 살려 적극적으로 문제를 해결하지 않으려는 태도다. 디스카운트는 상대에 대한 디스카운트와 자신에 대한 디스카운트로 나타난다.

나는 식당에서 음식을 먹다가 고기를 추가하고 싶었다. 나는 종업원을 찾아 고기를 시키고 싶지만, 바쁜 종업원은 나에게 눈길을 주지 않는다. 분주히 움직이는 종업원을 큰소리로 부르지 못하고 나름대로 열심히 주문하려 노력한다. 작은 소리로 불러 보지만 대답이 없다. 이런 상황이 되면 나는 아무리 애써도 종업원은 오지 않는다는 절망감에 빠진다.

나는 일어나서 부를 수도 있었고, 조금 더 큰소리로 부를 수도 있었다. 직접 걸어가서 고기를 주문할 수 있었다. 하지만 자신의 수동적인 자세로 인해 문제를 해결하지 못했다. 이를 보다 못 한 옆자리의 친구가 한마디 내뱉는다.

"여기 종업원들은 정말 형편없는 인간들이군. 나 같으면 당장 해고한다."

이 상황을 잘 살펴보면, 나 자신은 내가 할 수 있는 자세 또는 행동을 디스카운트 했고, 나의 친구는 자신의 경험에 의존하여 종업원의 능력을 디스카운트 했다. 친구는 자신에 대한 지나친 긍정적인 모습으로 타인을 부정하고 있으며, 나는 불필요한 자기 부정을 통하여 자신의 능력이나 행동을 디스카운트 했다. 어떤 디스카운트에서든 과장은 일어난다. 디스카운트는 현실을 과장시킨다. 디스카운트를 통해 상황의 특정 측면을 무시하면서 대신 다른 측면을 침소봉대하고 있다(제석봉, 최외선, 김갑숙, 윤대영, 2010).

종업원이 아무 반응을 보이지 않았을 때, 내가 종업원의 문제 해결능력을 무시한 것이 아니다. 종업원이 가지고 있지 않았던 힘, 즉 내가 고기를 추가 주문을 하느냐 못하느냐의 문제를 마치 그에게 달려 있는 것처럼 그의 능력을 과장했다. 한편 내 친구는 종업원의 능력을 디스카운트 하면서 자신의 능력을 과장하였다. 친구는 종업원에게 어떤 조치도 취하지 않았으면서 마치 자신이 법정의 판사처럼 상대의 능력을 깎아내린 것이다.

디스카운트는 마음속에서 혼자 하는 것이므로 관찰할 수 없다. 우리가 디스카운트 하고 있다는 것을 나타내는 말이나 행동을 보이지 않는 한, 디스카운트 하고 있다는 사실도 알 수 없다. 이러한 디스카운트는 다음의 4가지 수동적 행동으로 나타난다.

첫째, 아무 조치도 취하지 않는다.

어느 부부가 공휴일에 아침은 간단히 먹고 점심에 외식하러 나가기로 했다. 아침을 먹지 않았기 때문에 속이 허전해지고 배는 고파오고 있다. 마침 TV에서는 맛있는 요리 프로그램이 나온다. 부부는 침이 고여 가고 있지만 어디로 가야 할지만 고민이다. 근처에 있는 곳으로 바로 출발을 하든지 아니면 배달을 시켜 아침을 간단히 해결하든지 어떠한 조치를 해야 하는데, TV만 볼 뿐 아무런 조치도 취하지 않는다. 이렇게 아무런 행동도 취하지 않는 행동은 자신의 능력을 디스카운트 하고 있다.

둘째, 과잉적응(overadaptation)한다.

과잉적응은 상대방이 원하는 것과 자신이 원하는 것을 파악하지 않은 채 상대를 위해 헌신하고 있는 것을 말한다. 나는 무엇을 하고 싶고, 상대가 어떻게 행동하기를 바라고 있다고 분명히 말하지 못하면서 '아마도 상대는 그것을 원할 것이다.'라는 추측 하에서 수동적 행동을 하는 것을 말한다. 이는 오염(contamination)이라고도 한다.

예를 들어보자. 회사 내 상사인 팀장은 얼굴이 붉어지면서 어찌할 바를 몰랐다. 한 번도 경험한 적이 없는 새로운 업무를 이사님이 맡기고 퇴근했기 때문이다. 부하직원인 나는 무척 당황해하는 팀장을 보면서 무슨 일 때문인지 묻지도 못하고 있다. 오늘 애인과 저녁 약속이 있는데 심각한 표정의 팀장님을 보면서 퇴근하겠다는 말을 못하고 있다. 그러다 보니 야근은 자연스럽게 이어졌다. 이는 종종 있는 일이다. 사실 나는 팀장에게 내가 도와드릴 일이 있느냐고 묻지도 않았으며, 팀장도 나에게 야근을 강요하지 않았다. 나는 그저 팀장의 부하로서 그냥 순종하면서 헌신적인 모습으로 살아가고 있다.

이런 사람은 사회생활을 잘하고 어떠한 환경에도 적응을 잘

하는 사람으로 비추어지기 쉽다. 이런 과잉적응을 하는 사람은 주위 사람들로부터 좋은 사람이라는 평판을 듣는 경우가 많고 타인에게 무척 도움이 되는 사람으로 여겨진다. 과잉적응을 하는 사람은 자신의 기준에 따라 선택하거나 행동하지 못하고, 상대방이 원한다고 여기는 무언가를 따른다.

셋째, 짜증(agitation)이 난다.

팀원들은 팀장의 발표를 듣고 있다. 팀장의 발표내용은 복잡하고, 용어도 알아듣기 힘들다. 나는 연필을 입에 물고 연필 끝을 '톡톡톡' 치고 있으며, 연필을 입으로 물어뜯고 있는 것을 반복한다. 나는 팀장의 발표를 알아듣지 못하는 것을 적극적으로 해결하려 하지 않고 다른 쪽으로 시선을 돌려 짜증을 내고 있다.

이런 수동적 행동은 문제 해결에 집중하지 못하고 내 행동을 디스카운트 하고, 엉뚱한 곳에 에너지를 쏟고 있다.

짜증을 내고 있을 때 사고는 작동하지 못한다. 눈알을 굴리거나, 손가락 끝으로 책상을 치거나, 담배를 피우고, 손톱을 물어뜯고, 머리카락을 자꾸 뱅뱅 꼬면서 돌리거나, 충동적으로 폭식을 하는 행위 등은 짜증을 보여주는 사례다.

넷째, 무력화(incapacitation) 증상이 생기거나 혹은 폭력을 행사한다.

A라는 여성은 어머니를 모시고 살고 있다. 어머니는 나이는 많지만 아주 건강한 편이며 스스로 웬만한 일은 직접 처리하는 편이다. 그런데 A에게 갑자기 사랑하는 남자가 생겼다. 이 사실을 어머니에게 알렸고 조만간 결혼식을 올리고 결혼 후에는 분가를 할 것 같다고 어머니에게 말했다. 그런데 건강하시던 어머니가 갑자기 현기증으로 드러눕게 되었다. 의사는 어머니가 신체적으로 전혀 이상이 없다고 한다. 이 소식에 A는 자신이 어머니 곁을 떠나려 했다는 것에 대한 죄의식을 가지게 되었다.

이때 어머니가 보인 수동적인 행동이 무력화(incapacitation)다. 무력화란 문제를 해결할 자신의 능력을 깎아내리면서 타인이 나의 문제를 해결해줄 것이라는 바람을 가지고 의존적인 상태로 있는 것을 말한다. 이 무력화는 정신·신체적 증상의 형태로 나타나는 경우가 많으며 알코올 중독으로 나타나는 경우가 많다.

B는 부부싸움을 하다 화가나 냉장고에 있는 소주 한 병을 병째 들이마셨다. 갑자기 취기는 올라왔고 B는 닥치는 대로 물건을 던지고 창문을 깨고 문도 부쉈다. B가 보인 수동적 행동은 폭

력(violence)이다. 폭력이 수동적인 행동인가? 하고 의문을 가질 수 있다. 하지만 이 폭력은 당면한 문제를 적극적으로 해결하는 방법을 찾은 것이 아니라 다른 곳으로 전가시켜 행동을 했을 뿐, 부부간의 문제에는 해결의 실마리를 찾지 못하고 조치도 취하지 못한 것이 사실이다.

무력화는 자신의 내부를 향한 폭력이라고 할 수 있다(제석봉 등, 2010). A의 어머니와 B는 자신의 문제를 해결할 방법을 모색하기보다는 자신의 능력을 디스카운트 하고, 절망적인 마음으로 환경에 의존하여 자신이나 타인에게 에너지를 폭발시킨 것이다. 무력화나 폭력에는 일정 기간의 짜증이 수반되며 짜증이 날 때 무력감에 빠지거나 폭력을 행사하는 데 사용할 에너지를 비축하는 것이다.

순종적인 사람의 언어 특징

'왓 위민 원트(What Women Want?)'라는 영화가 있다. 광고 회사에 다니는 주인공 멜 깁슨은 어느 날 전기에 감전되면서 여성들의 생각을 읽는 능력을 얻게 된다. 주인공은 이런 능력을 활용하여 다른 사람들의 아이디어를 훔치기도 하고 여성의 마음을 얻기도 한다.

모든 사람이 상대의 마음을 읽을 수 있는 능력이 있다면 얼마나 좋을까? 그렇게만 된다면 애인이 원하는 것을 미리 알 수도 있고 쉽게 그녀의 마음을 얻을 수 있지 않을까? 그것이 인간관계로 이어지게 되면 대인관계도 좋아지고 갈등도 줄어들 것 같다.

하지만 그 때문에 생기는 다른 갈등은 없을까? 나는 상대의 마음을 읽게 되고 상대도 내 마음을 읽게 되면, 말하지 않아도 되는 경험을 하게 된다. 반면 자신이 감추고 싶어 하는 마음을 들키게 되고 그 마음을 숨기려다 다시 망신을 당할 것이다. 어쩌면 상대의 마음을 서로가 읽지 못하고 있다는 것은 신이 우리에게 준 축복인지도 모른다.

사람의 마음을 읽는 방법은 불가능한 것인가? 심리학은 이런 의문점을 해결하기 위해 연구를 거듭했다. 인간의 성격은 과거에 상대가 보여준 가장 이상적으로 반응했을 때 내가 행동했던 자극들을 집합화하여 만든 나의 행동방식이다. 심리학은 이렇게 만들어진 현재의 성격이 차후 어떤 행동으로 이어질 것인지를 체계적으로 정리한 것이다.

심리학은 인간의 생활 곳곳에서 간섭한다. 표를 얻고 싶은 정치인들은 국민의 마음이 움직이는 방향에 관심을 두고 연구한다. 상품을 팔고 싶은 기업은 인간의 구매행동 방식에 관심을 두고 있다. 이성의 마음을 얻고자 하는 사람은 상대가 무엇을 좋아하고 무엇을 싫어하는지, 지금 무엇에 관심이 있는지를 알려고 노력한다. 이러한 관심은 무형의 서비스를 제공하는 기업에서도 항상 나타난다.

어느 기업에서 독심술을 강의한 적이 있다. 독심술이란 사람의 마음을 읽는 방법이다. 사람의 마음을 읽는다는 것은 정말 매력적인 일이다. 어릴 적부터 좋아하는 사람의 마음을 읽고 싶었고, 그 마음을 알아야만 내가 고백을 하더라도(만약 그녀가 나에게 관심이 없더라도), 상처를 받지 않을 것이라는 생각 때문에 심리학 서적을 뒤적거린 적이 있다.

독심술을 강의한 기업은 화재보험회사다. 강의 내용은 보험사에서 배상과 같은 문제가 발생하였을 때 원만하게 해결하는 방법을 알려주는 것이었다. 이 문제는 협상이나 커뮤니케이션으로 풀어갈 수 있는 문제다. 그렇기에 고객과의 사이에서 벌어질 수 있는 문제를 사전에 점검하고 만약 갈등의 상황으로 진행할 때를 대비한 갈등대응법이 포인트다. 하지만 필자가 다루는 독심술의 영역은 약간 독특하다. 독특하기보다는 깊이의 차이가 있다고 하는 것이 더 정확할 것이다.

일반적으로 자동차 사고가 나면 피해자와 가해자 측의 보험회사 직원에게 연락한다. 보험회사 직원들끼리 만나서 해결도 하지만, 가해자는 자신의 보험회사에 위탁한다. 피해자는 가해자의 보험회사 직원의 전화를 받게 된다. 보험회사 직원들은 여러 가지 정황적 사례를 가지고 합의하려 한다. 합의는 대체로 피해보상 범위에 대한 협상 가격이다.

한 보험회사 직원이 피해자에게 전화로 연락했다. 경험이 많은 가해자 측 보험회사 직원은 그동안 익힌 풍부한 보험 지식과 설득 기술로 피해자의 마음을 움직이고자 했다. 그 결과 원만히 해결했고 협상 관련 서류에 사인도 얻어냈다.

그런데 사건은 며칠이 지난 후 나타났다. 이미 협상은 종결이 되었고 그에 상응하는 보험료도 지급되었다. 그런데 피해자는 보험사의 그릇된 정보나 일방적 방식에 의해 억울하게 진행된 것이라며 인터넷에 글을 올렸다. 당시 협상한 장소가 병원이었고 아픈 상황에서 어쩔 수 없는 선택을 강요당했다며 필요하다면 당시 녹음했던 파일도 공개하겠다고 엄포를 놓았다.

피해자들의 잦은 클레임은 기업 이미지를 실추시킨다. 따라서 클레임을 사전에 방지하는 차원에서 '고객의 마음을 읽는 법'을 기획한 교육을 한다. 교통사고 협상은 완료되었지만 차후에 터질지 모르는 골치 아픈 불안감 때문이다.

교육에서 보험사가 얻어야 할 포인트는 첫째로 이런 부류의 사람은 어떤 사람인가, 둘째로 어떻게 구분할 수 있는가, 셋째로 만약 이런 일이 발생하기 전에 사전 해결책은 어떤 것들인가 이다.

문제의 답은 의외로 간단하다. 그것은 바로 순종적인 사람을 찾는 것이다. 보통 순종적인 사람은 좋은 사람으로 인식이 된다. 협상 과정에서도 순종적인 사람의 태도는 문제점이 있다고 인식하기 어렵다. 오히려 상대의 입장을 수긍해주고 욕심 없이 협상에 임하는 것처럼 보이기 때문이다.

하지만 심리학적으로 살펴보면 문제점투성이다. 그들은 말투부터 맑은 자아상태를 가지고 있는 사람들과 다르다. 그들이 사용하는 말투는 다음과 같다.

강한 어조로 말하지 않는다.

약간 어눌한 편이다.

단정적인 표현을 하지 않는다.

명확하게 말하지 않는다.

접속사나 중간에 삽입되는 표현 등이 많고, 연결형 단어는 많이 사용한다.

잦은 변명 때문에 늘려서 길게 말한다.

'나는'이라는 표현을 피하거나, 그것을 한정하여 사용한다.

자기를 멸시하는 표현을 하거나, 자신이 필요하거나 원하는 것을 타인에 의해 무시당할 것 같은 어구를 사용한다.

이외에도 한정적인 말이나 표현을 사용한다.

여러 가지가 있지만, 불명확한 표현을 사용한다는 점은 뚜렷

하다. 왜 이들은 불명확한 표현들을 사용하는 것일까?

결론부터 말하면 차후의 공격을 숨기기 위해서다. 자신이 공격적인 자세를 취하게 되면 상대도 공격 준비를 할 것이다. 그러면 자신의 차후 공격은 수포로 돌아간다. 강한 어조로 말하지 않는 이유는 타인에게 나의 부정적인 면을 보이지 않기 위함이다. 또한 그것만 해결되면 내가 진정으로 공격하고 싶었던 것(귀책사유 등)을 얻지 못하기 때문이다. 어눌한 표현이나 잦은 변명을 늘어놓는 이유는, 똑똑한 상대에게 볼(공격의 기회)을 넘겨 나에게 무참히 공격하라는 제스처다. 어눌함이나 잦은 변명은 채신머리없음을 상대에게 보여주고, 현명한 지식이나 이성적인 일깨움을 던져주므로 멸시나 천대 또는 비슷한 공격이 나오기를 기대하는 심리다. 접속사나 중간에 삽입되는 표현을 하고 연결형 언어를 많이 사용하면서 대화하는 이유는 고객을 많이 상대해 본 사람에게 당장 제압할 수 있다는 것을 알고 있기에 참을 수 없을 정도의 연결형 언어나 접속사를 통하여 헷갈리도록 만들려 함이다. 이런 헷갈림은 시간을 벌어 상대의 자제력을 잃도록 만들고 공격성을 자극하도록 만든다.

dialogue

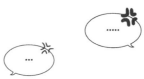

No dialogue

자녀를 무기력하게 만드는 부모들

평소 활달하지만 엄마만 있으면 아무 말도 안 하는 아이가 있다. 아이는 상냥한 성격이며 남을 즐겁게 해주는 끼와 재주도 많다. 상담의 경험이 있는 사람은 이런 아이의 재주를 대략 예측할 수 있지만, 항상 같이 살아온 엄마는 전혀 다른 소리를 하는 경우가 있다.

상담을 신청한 엄마는 자신의 아이가 수줍음이 많고, 착하기만 하며 별다른 재주가 없어서 고민이라고 말했다. 상담가는 잠시 아이와 이야기를 나누고 나서, 아이는 매우 쾌활한 친구라는 것을 알게 되었다. 그림도 잘 그리고, 음악적 재능도 뛰어나며, 다른 사람을 즐겁게 하는 재능도 있다. 하지만 정작 부모는 그런 자녀의 재능을 알지 못했다. 이유는 아이가 엄마 앞에서 그런 모습을 보이지 않았기 때문이다. 아이는 왜 자신이 모습을 감추고 엄마에게 보이지 않는 것일까?

아이는 엄마가 항상 자기에게 간섭한다고 했다. 어깨를 쭉 펴고 다니라는 둥, 남자가 왜 이렇게 말이 많냐는 둥, 말할 때 다리를 떨지 말라는 둥, 그리고 자신의 음악적 재능을 보여주려 하면 도대체 커서 뭐가 되려고 그러냐며 잔소리를 했다. 이런 상황이다 보니 아이는 엄마 앞에서는 전혀 기를 펴지 못하고 산다. 아이와 따로 만나서 이야기를 할 기회가 생겼다. 너희 엄마는 어떻게 이런 재주를 가지고 있는 것을 모르느냐는 말에 혹시나 이런 재주를 부리거나 말을 하면 혼이 난다고 말한다. 혼이

나는 것으로 끝나는 것이 아니라, 나중에는 그 시간에 공부했으면 어쨌다는 둥 하면서 모든 일을 공부와 연관시키니 아예 입을 닫아버리는 것이 편하다고 말했다.

명절이 되면 친지들이 모인다. 어느 한 친척을 둘러싸고 일어나는 일들을 들여다보면 비슷한 상황을 엿보게 된다. 나이가 들어 보이는 중년의 한 사람이 모든 이야기의 주도권을 쥐고 말한다. 그 사람은 다른 사람이 이야기할 시간을 주지도 않고 혹시나 다른 사람이 자기주장에 반박이라도 하면 곧바로 응징한다. 이런 이유로 친지들은 그냥 그 사람의 이야기만 듣고 있을 뿐이다. 처음에 이런 모습이 싫었던 아들이 한마디하고 말았다.

"아버지는 왜 많은 사람이 의사 결정해야 하는 상황에서 다른 사람의 입장을 고려하지 않고 아버지 생각만 고집하세요?"

잠시 침묵이 흐르고, 중년은 곧바로 응징에 들어갔다. 그는 아들에게 지난 친족 행사에 왜 빠졌냐는 핀잔으로 시작하여 작년 벌초 때 늦게 온 이야기며, 그럴 거면 차라리 오지도 말라며 공격한다. 덧붙여 그런 사고방식을 가진 사람은 말할 자격도 없다며 아들의 말을 무시했다.

아들에 대한 공격은 이로 끝난 것이 아니다. 아직 결혼하지 못한 이유가 그런 마인드 때문이며 여자가 접근하기도 힘들다는 잔소리까지 들어야 했다. 그것으로 모자라 최근 직장을 옮긴 사실까지 폭로하며, 어떤 상사가 너 같은 사람과 같이 일하겠느냐며 아들의 직장문제까지 끌어들였다.

물론 아들도 아버지가 자신의 앞날을 걱정해서 한 말이라는 것을 알고 있다. 그 마음을 알기에 처음에는 아버지의 마음을 헤아리며 열심히 듣고 호응도 했다고 한다. 하지만 상대의 기분이나 감정은 전혀 고려하지 않고 자기 생각만 강요하는 아버지가 싫다고 한다. 상황이 이 지경에 이르니 이후 아들이 선택한 최선의 방안은 묵묵부답이었다. 아버지의 어떠한 공격에도 신경질 내는 일도 없었고, 반박하지도 않았다. 그렇다고 아버지의 충고를 듣는 것도 아니었다. 아들은 아버지의 질문에는 가타부타 표현하지 않았으며 묵묵히 듣고만 있다가 시간만 흐르기를 바랄 뿐이라고 한다. 다른 사람도 아니고 아버지인데 어떤 말도 없이 있으니까 더욱 화를 내는 것이 아니냐는 말에 '오히려 이것이 가장 편한 방법이며, 아버지를 빨리 포기시키는 비법'이라고 말한다. 어떤 말이라도 꺼내게 되면 아버지는 기회를 놓치지 않고 달려들어 자신을 삼킬 듯이 간섭한다고 한다. 아들은 무기력하게 있음으로써 아버지의 통제에서 벗어나고 싶다고 한다. 무기력하게 있으면, 아버지는 혼자 발만 동동 구르다가 곧 포기하고 만다고 한다.

왕따는 부모가 만든다

한 아이는 식사를 하면서 "맛있다. 가장 좋아하는 음식이다." 라는 말로 자신의 감정을 표현한다. 하지만 그 부모의 고민은 아이 입에서 음식물이 튀는 것이다. "밥 먹을 때 말하는 거 아니야." 하면서 말하는 것을 금지시켰다. 부모도 아이가 밥을 먹으며 말하는 것은 잘못이 아니라는 것을 안다. 다만 식사 도중에 말을 하다가, 음식을 흘리거나 씹던 음식물이 튀는 것이 걱정이다. 아이가 입안의 음식을 다 먹은 후 말을 하면, 흘리지도 튀지도 않고 말할 수 있다. 그런데 음식이 튈까 봐 식사 중 대화 자체를 중단시켰다.

이런 잔소리를 들으며 자란 아이는 하고 싶은 말이나 표현을 주저한다. 그리고 감정 표현에 익숙하지 못하다. 거절이나 자기 생각을 말하고 싶지만, 그랬다가는 부정적인 잔소리를 듣는다는 것을 잘 알고 있다. 차라리 입을 다무는 것이 편하고 쉽다. 아이는 어릴 적 부모로부터 적응된 방식을 그대로 적용하여 고민 없이 상황에 순종해 버린다.

문제는 이런 아이가 자라나 학교생활을 하는 중에 나타난다. 자기의 생각을 당당하게 말하지 못하는 아이들은 공격적인 아이들의 표적이 된다. 순종적인 아이들은 놀림을 당해도 참거나 조용히 삼켜버리는 특징을 가지고 있기에 별 뒤탈이 없다. 그래서 놀리기 쉬운 대상이다. 하지만 당당히 자기를 표현하거나 그런 상황에 맞서 싸우는 아이들은 당시에는 얻어맞고 힘든 상황을 거치지만, 차후에는 만만하게 보지 않는다.

가끔 식당에서 여기저기를 돌아다니면서 뛰노는 아이를 본적이 있을 것이다. 자칫 뜨거운 국물이나 데이거나 바닥에 미끄러질 수도 있다. 아이들이 소리 지르며 돌아다니다 보면, 옆에서 식사하는 다른 손님들에게는 피해가 간다. 그런데 부모는 아이를 나무라지도 않고 식사에만 열중한다. 이런 아이를 내버려두면 차후에 정말 큰 위험에 처할 수도 있다.

이런 방식으로 양육된 아이가 유치원이나 초등학교에 들어간다면 어떤 일이 벌어질까? 아이의 미래가 눈에 선하다. 처음에는 자기 맘대로 하는 행동 때문에 친구와 다툼이 일어난다. 차후에는 규칙을 지키지 않는 아이로 낙인이 찍히고 놀이 집단에서 제외된다. 아이의 성향 때문에 함께 놀려는 친구는 줄어들고 결국 외톨이로 남는다. 친구들과 함께 놀고 싶지만, 그의 공격성 때문에 피하게 된다. 그리고 언제 어떻게 변할지 모르는 성격 때문에 그는 친구들의 기피대상이다. 외톨이로 남은 아이는 분노를 참지 못하고 아이들에게 위해를 가한다. 역지사지하는 법을 배운 적이 없는 아이는 그것이 정당한 행동이라고 착각하며 마음껏 분노를 표현한다. 그리고 성격으로 정착한다.

앞의 두 가지 사례는 부모가 아이들을 '왕따'로 만드는 양육방식이다. 첫 번째는 자신의 감정을 정확하게 표현하지 못하고 참기만 하는 아이다. 이들은 공격적인 아이들에게 표적이 되어 놀림감이 될 수 있다. 두 번째 아이는 다른 아이들에게 위해를 가하거나 '왕따'를 조장하는 공격적인 아이가 될 수 있다.

참는 것이 미덕이라고 가르치거나 길들이는 것은 아이의 성장에 도움이 되지 못한다. 아이 본연의 기질을 사회적 기준에 맞도록 품성을 조각해주지 못하고 제멋대로의 아이로 방치시키는 것도 문제아로 키운다. 중요한 점은 아이가 감정을 통제할 수 있는 사람이 되도록 성장시켜 주는 것이 부모의 역할이다.

힘이 들면 힘이 든다고 말하고 즐거우면 즐겁다고 말하는 아이, 화가 나면 화를 행동으로 옮기는 것이 아니라 현재 감정을 표현하면서 상대에게 감정을 전달할 수 있는 아이로 성장시키는 것이 필요하다.

한글을 빨리 터득하고 영어를 자유롭게 구사하는 아이가 자랑스러운가? 입학 전 체르니를 마치고 쇼팽의 즉흥 환상곡을 연주하는 아이가 자랑스러운가? "절대 아니다."라고 말하고 싶다. 음악적 재능은 차후에 아이가 선택할 직업적인 역량이다. 이런 직업적 역량을 제대로 발휘하려면 타인과 교류하고 거래를 해야 한다. 대화를 나누고 합리적인 선택을 해야 한다. 그러기 위해서는 어린 시절에 감성지능을 잘 완성시켜야 한다. 정말로 좋은 부모라면 감성지능을 높여 자기 감정을 조절하고 표현할 수 있는 아이로 기르는 것이 무엇보다 중요하다. 아이의 왕따는 그렇게 되도록 방치하고 허락한 부모의 책임이다.

긍정적인 뇌가 필요하다

인간의 소심함은 어디서 오는 것일까? 왜 대담하지 못하고 우유부단하고 빨리 결정을 하지 못하며 다른 사람이 결정해 주기를 갈망하는 것일까?

스피노자는 "대담함(audacia)이란 맞서기를 두려워하는 위험을 무릅쓰고 어떤 일을 하도록 자극되는 욕망이다."라고 말했다. 욕망이란 기본적으로 기쁨을 증진시킨다. 사랑만큼 살아갈 힘과 기쁨을 증진시키는 경험이 있을까? 인간의 대담함은 먼저 자신을 사랑할 줄 아는 힘으로부터 온다. 다가오는 미래에 대한 자신의 모습을 긍정적으로 바라보면서 그 모습에 믿음을 가지고 열정적으로 추진해 나아가는 힘이 대담함이다. 그리고 대담함의 부족은 우유부단을 낳는다.

한편, 인간의 소심함에 대한 연구는 회복탄력성과 연관성이 깊다. 회복탄력성은 다시 튀어 오르거나 원래 상태로 되돌아온 다는 뜻으로, 정신적 저항력이며 외적인 압력에 굴복하지 않고 그 압력을 이겨내는 정신적 면역력이다(김주환, 2011). 즉, 역경 이나 곤란함이 닥쳤을 경우, 긍정적이고 성숙한 경험으로 바라 보며 자신이 활용할 수 있는 자원을 이용하여 성장의 발판으로 이끄는 능력이다.

인간은 살아가면서 다른 사람과 관계를 맺고 실수도 저지른 다. 업무수행을 잘하는 사람의 능력 중에는 목표를 달성하기 위 해 노력하는 자세도 중요하지만, 스스로 업무수행에 대해 평가 하고 정확히 답할 수 있는 능력도 중요하다. 즉, 내가 하는 행동 이 과연 나의 목표로 잘 접근해가고 있는가? 나의 행동 중에 수 정할 사항은 없는가? 나는 근본적인 목적에 어긋나게 가고 있지 는 않은가? 하는 등의 자기 성찰에 관한 사항에 답하고 모니터 링 하는 능력을 말한다. 심리학의 한 분야인 인지과학에서는 자 신의 실수를 모니터링 하는 것을 돕는 특별한 뇌 기제가 존재함 을 밝혀냈는데 그것이 뇌파신호다.

인간의 뇌파신호는 실수에 대하여 0.04~0.1초 사이에 행동 을 탐지한다. 이때 수행을 평가하고 판단하기에 실수관련부적

전위(ERN)라고 불리는 뇌파신호가 강하게 나타나는 사람일수록 목표달성을 위해 노력하는 사람으로 본다. 그들은 개방적 자세의 뇌를 가진 사람이다.

회복탄력성이 높은 사람은 실수를 잘 관찰하고, 예기치 않은 실수나 역경에 직면했을 때 민감하게 반응한다. 놀랍게도 회복탄력성이 낮은 사람들이 같은 문제를 풀 때 정답률이 2배나 높았다. 회복탄력성이 높은 사람들은 실수를 많이 했고 정답률도 낮았다. 이때 회복탄력성이 낮은 사람들은 천천히, 조심스럽게 응답했으며 실수를 덜 했다. 그러나 회복탄력성이 높은 사람들은 상대적으로 빠르게 응답했으며, 실수의 확률도 높았다. 이러한 조건에서 가끔씩 나오는 자극에 대한 정답률이 70%를 넘어선다는 것은 완벽주의와 소심한 성격을 보여주는 것이다. 실수할까 두려워하는 사람일수록 소심하며 회복탄력성도 낮고, 자신의 역경이나 실수를 회피하려 한다. 회복탄력성이 높은 사람들은 실수를 두려워하지 않으며 자기 실수에 대해서는 민감하게 알아차린다. 이들은 실수하더라도 외부로부터 피드백을 적극 수용한다. 그러나 회복탄력성이 낮은 사람들은 실수를 지나치게 두려워하기 때문에 실수는 적지만, 실수를 범했을 때 그들의 뇌는 민감하게 반응하지 않는다. 실수를 통해 긍정적인 피드백을 받기보다는 억누르고 무시하려는 무의식이 작동한다고 본다. 때문에 회복탄력성이 높은 긍정적인 뇌를 갖기 위해서는 자신의 실수를 두려워하기보다 피드백을 수용할 줄 아는 사람이 되고, 도전적일 필요가 있으며, 창의성을 찾아 새로움을 추구하는 인식전환이 필요하다.

즉 회복탄력성이 낮은 사람들은 소심한 사람들이며 완벽주의를 추구하는 사람들이다. 그리고 순종적으로 행동하는 사람들이라는 것도 알 수 있다. 이들에게는 긍정적인 뇌가 필요하다.

3장.

왜 지금
마음 성형인가?

얼굴 성형보다 마음 성형이 중요하다

마음 성형이 중요하다

TV에 나오는 연예인들은 하나같이 미인이다. 가수, 탤런트, 영화배우, 아나운서, 심지어 얼굴을 가지고 웃기는 개그맨도 자세히 보면 예쁘다. 처음부터 예쁜 얼굴을 물려받은 축복받은 얼굴도 있다. 연예인들은 쇼 프로에 나와서 얼굴과 몸에 성형했다는 고백을 자신 있게 말하는 사람이 있다. 예전에는 성형한 사실을 감추려 했지만, 요즘에는 성형한 사실을 당당히 말하는 것을 보면서 자존감이 강한 연예인이라는 것을 알 수 있다.

연예인들은 왜 성형을 할까? 로버트 치알디니는 저서《설득의 심리학》에서 호감의 법칙으로 설명한다. 예쁜 얼굴을 가진 사람은 호감을 얻기 쉽고, 상대를 끌어당기며 긍정적인 영향을 준다고 했다. 이런 이유로 연예인들은 남녀를 막론하고 성형의 유혹을 뿌리칠 수 없다. 오죽하면 예쁜 피고인은 무죄판결을 받을 가능성이 크다고 하지 않는가? 그러므로 외모가 자산인 연예인들은 성형과 몸매 가꾸는 일에 게을리하지 않는다. 그것만이 그 세계에서 도태되지 않고 살아가는 길이라고 생각한다.

　호감을 얻는 데는 얼굴과 몸매만이 전부는 아니다. 분위기, 성격, 목소리, 가치관, 유머, 배려하는 마음 등으로 상대 마음을 얼마든지 움직일 수 있다. 외모는 단지 호감을 이끄는 하나의 속성일 뿐이지 전부는 아니다. 또한, 끌리는 외모는 사람마다 보는 측면이 다르다. 어떤 이는 미인을 좋아하지만 어떤 이는 귀여운 얼굴을 좋아한다. 어떤 이는 지적인 느낌의 얼굴을 선호하고, 또 어떤 사람은 백치미가 있는 여성에게 끌린다. 그럼에도 불구하고 성형하는 여성들은 비슷한 모습으로 수술을 한다. 사람들은 자신의 얼굴을 고치는 일에 적극적이다. 눈을 고치고 코를 세우고 광대뼈를 갈고 치아를 교정하는 등 인간의 표면적인 부분에만 신경을 쓰면서 살아가고 있다. 타인으로부터 인기를 얻기 위함이고, 대중으로부터 지속적인 관심을 얻기 위해서다.

　인기를 얻는 하나의 방법으로 성형수술이라는 것을 인정한다. 이와 비슷하게 좋은 인간관계를 만들려면 성격을 고치는 마음 성형도 필요하다. 예전에는 자녀를 여러 명 낳았기 때문에 아이들이 자라면서 가족 안에서의 사회성을 익힐 수 있었다. 하지만 지금은 하나이거나 둘이 고작이다. 이런 환경에서 사회성을 익히면서 아이를 키우는 것은 곤란하다. 부모는 맞벌이로 아침에 나갔다가 저녁에 들어오고, 주말에는 피곤함을 핑계로 아이들과 놀아주기가 어렵다. 가족이라는 관계 속에서 놀이문화를 만들고 놀이를 통해 관계와 사랑을 경험하게 해야 하는데 그 기본적인 관계관리가 어렵다.

이렇듯 부모의 무관심 속에 자란 아이는 성격상 문제가 많다. 만약 어릴 적 부모로부터 물려받은 자신의 성격이 타인들과 호흡을 맞추는 데 곤란함을 느낀 적이 있다면 마음 성형을 적극 권한다. 얼굴, 치아, 몸매 등 성형수술에는 많은 비용이 들어야 하지만, 마음 성형은 자신이 스스로 성장하고자 하면 된다. 인간적 매력을 상승시켜 호감을 얻을 수 있고 주변 사람들과 친밀감을 유지하며 살아갈 수 있는 성격을 교정하는 비용으로는 얼마나 효율적인가?

아직도 심리상담을 받는 사람을 무언가 문제가 있는 것으로 보는 시선도 문제다. 하지만 마음 성형은 이런 시선에서도 자유롭다. 내가 책을 읽고 꾸준히 연습하면서 타인들과 교류를 하면 그만이다.

4장부터 다루는 단계별 마음 성형을 꾸준히 실천하면 된다.

힐링(healing)은 킬링(killing)이다

꽤 오랫동안 힐링에 대한 사람들의 관심이 뜨거웠다. 힐링은 마음의 치유라고 말한다. 가족이나 직장 그리고 기타 사회적 관계 속에서 스트레스나 상처를 받았던 공간에서 해방되고 싶은 마음에 힐링을 찾는다. 그래서 힐링이라는 말이 들어간 책이나 캠프, 교육과정은 아주 인기가 높다.

힐링을 위한 기본적인 처방은 무엇일까? 아니 그 전에 힐링을 원하는 사람의 근본적인 상처 원인은 무엇일까? 불가에서는 모든 문제의 원인을 자신에게서 찾으라고 말한다. 더 얻고자 하는 욕심, 지금 가진 것보다 더 많이 갖고자 하는 탐욕, 나를 무참히 짓밟아 놓은 사람에 대한 노여움, 가정을 파탄으로 이르게 한 사람에 대한 분노 등이 내 어깨를 짓누르고 있다. 이런 생활에 지친 사람들이 사회에서의 모든 짐을 내려놓고 산이나 섬을 찾아 떠난 사람이 있다. '나는 자연인이다'라는 TV 프로그램이 장수할 수 있는 이유는 비슷한 이유로 상처받은 사람이 힐링하고자 찾은 자연 속의 삶을 그려냈기 때문이다. 방송마다 마지막에 진행자가 자연인에게 다시 사회로 돌아가고 싶지 않느냐고 묻는다. 하지만 자연인들은 대부분 조금 불편하지만, 이곳이 훨씬 좋다고 대답한다. 그리고 천금을 주고 오라고 해도 가고 싶지 않다고 말한다.

모든 사람이 자연인이 될 수는 없다. 도시 속에서 살면서 힐링을 얻는 방법이 있다. 그것은 내가 자초한 무거운 어깨의 짐을 내려놓는 것이다. 즉 욕심을 버리라는 말이다. 필요한 만큼만 소유하고 나머지는 나누면 된다. 그리고 나를 어렵게 만든 사람들에 대한 진심 어린 용서가 선행된다면 진정한 마음의 안정이 온다.

어쩌면 '힐링(healing)'은 '킬링(killing)'이다. 자기 자신이 타인에게 바라는 마음의 군더더기를 없애는 과정이다. 그러기 위해서는 자신이 기대했던 욕심과 탐욕, 부귀영화를 위해 가지려 했던 부동산, 돈, 명예 등을 과잉으로 소유하려는 마음을 제거해야 한다. 상대를 이기거나 억누르고자 가졌던 분노, 불만, 적개심, 분통 등을 없애야 한다. 결국 힐링은 인간의 마음의 욕심을 다이어트 하고 살아가도록 도와주는 과정이다. 마음의 욕심을 다이어트 방법은 이후 설명할 것이며, 구체적으로 4장(자아상태를 활성화하는 방법)에서 다룬다.

허접한 대접은 당신이 허락했기 때문이다

외모가 비슷한 두 사람을 대상으로 실험을 했다. 한 사람은 멋진 양복을 입고 가벼운 꽃단장으로 꾸몄다. 또 한 사람은 허접한 옷에 어눌한 행동을 하게 했다. 그리고 관찰하는 사람들에게 그들의 직업과 연봉 등을 물어보았다. 양복을 입은 사람에게는 회사원, CEO, 변호사 등 사회 고위층 사람으로 생각했다. 반면, 낡은 옷을 입고 굼뜬 행동을 보인 사람은 일일 노동자, 무직자, 노숙자 등의 직업을 말했고 연봉도 변변치 못한 사람으로 추측했다. 이번에는 반대로 옷을 입혔다. 비슷한 사람이 옷만 바꾸어 입고 간단한 치장만 바꾸었을 뿐인데, 반대의 결과가 나왔다.

나의 옷차림은 사람들이 나를 어떻게 대하는지를 결정한다. 버나드 쇼의 말이 있다.

"숙녀와 꽃 파는 아가씨의 차이는 그 여자가 어떻게 행동하는가에 있지 않고, 다른 사람들에게 어떻게 대접받는가에 있다."

'마이 페어 레이디(My Fair Lady)'라는 영화를 보면, 길거리에서 꽃을 팔던 소녀가 히긴스라는 교수를 만나 고상한 상류층 여인으로 변모하는 감격스런 장면을 보게 된다. 그러나 히긴스 교수는 그녀를 교육 중에는 물론 그 후에도 꽃 파는 소녀로 생각하고 함부로 대한다. 한편 히긴스 교수의 친구는 꽃 파는 소녀를 항상 숙녀로 생각하고 정중히 대한다. 고상한 숙녀로 변모하는 소녀는 교수의 친구에게 불만 섞인 말투로 말한다.

"나는 히긴스 교수에게는 꽃 파는 소녀가 될 수밖에 없습니다. 왜냐하면, 그는 나를 꽃 파는 소녀로 대하기 때문입니다. 그러나 나는 당신에게 숙녀가 될 수 있습니다. 당신은 나를 숙녀로 대해 주기 때문입니다."

이 말은 자신은 항상 동일하지만 상대가 어떻게 대해 주는가에 따라 달라질 수 있음을 말하고 있다. '저 사람은 왜 나에게 이러는지 몰라.' 또는 '이 사람은 나만 갖고 그래.'라는 말이 나로부터 출발하였다는 것을 잊어서는 안 된다.

나를 못살게 구는 사람이 있다고 가정하자. 그 이유를 들여다

보면 내가 그렇게 하도록 허락했을 가능성이 크다. 의식적이든 무의식적이든 허락했고, 직접 허락을 하지 않았다면 아마도 침묵하거나 상황을 순종으로 방치했다. 그런 의미에서 침묵은 순종의 또 다른 표현이기도 하다. 특히 동양의 문화권에서는 더욱 그렇다. 기분이 나빠도 상대방의 감정이 다칠까 봐 뭐라 말하지 못했지만, 상대는 그 마음을 정확하게 알지 못한다. 반대로 상대는 그런 행동을 내가 좋아한다고 여기고 행동했을지도 모른다. 그는 순종하고 있는 나를 보면서 나쁜 행동을 하고(자기만족이든 아니든), 아니면 내가 그것을 좋아하고 즐기기 때문에 그 행동을 하고 있다고 착각을 할 수도 있다.

나의 마음을 확인하지 않은 채 행동하는 그는 분명 나쁜 사람이다. 하지만 상대의 행동에 침묵으로 일관했다면 순종한 나에게도 반 이상의 책임이 있다.

루즈벨트 대통령의 아내인 엘리노어 루즈벨트는 이런 말을 남겼다.

"아무도 당신의 동의 없이는 당신에게 고통을 주지 못한다."

당신이 그리워질 때

1990년대 KBS에서 인기를 끈 '당신이 그리워질 때'라는 드라마가 있었다. 이 드라마는 최고의 인기를 누리면서 회사에 빼앗긴 가족을 안방극장으로 들어오도록 만드는 역할을 톡톡히 해냈다. 세월은 흘러 그때의 기억들이 지워지고 있지만, 그때 흘러나온 드라마 주제곡은 아직도 생생하게 기억하고 있다. 그리고 나의 애창곡이 되어버렸다. 그 이유는 바로 가사에 있다. 이 곡의 가사는 현대를 살아가는 부부로서 가져야 할 마음가짐을 명확하게 말해주고 있다. 설렜던 첫 느낌으로 대하라는 등 많은 부분을 이야기하고 있지만 나에게 가장 인상적인 부분을 꼽으면, 느낄 수 없는 사랑도 말로 할 수 있지만 말조차도 하지 않은 사이는 정말 싫다는 내용이다.

사랑하는 사람을 위해 자신의 느낌을 거짓으로 또는 과잉으로 표현할 수도 있다. 하지만 정말 부부로서 필요한 것은 말로 표현하는 것이다. 혹여 살아가면서 이런저런 사건과 사고 속에서 상대의 감정을 다치게 할 수도 있다. 그런 이유로 말조차도 하지 않는 사람이 된다면 그것은 정말 커다란 문제다.

만약 지금 성황리에 방영되고 있는 인기 절정의 드라마를 생각해보라. 그리고 그 드라마의 갈등의 원인을 찾아보라. 아마도 주인공 또는 주인공에 상응하는 조연은 무척이나 순종적인 사람일 것이다. 그녀는 다른 사람들의 공격에도 잘 참는 사람이며 여기저기에서 부딪히는 순간에도 잘 참으면서 살아가는 착한 마음씨를 가지고 있다. 시청자들은 속이 부글거리고 답답해하지만 착한 마음씨의 여주인공은 자신만 떳떳하면 된다는 마음으로 참고 또 참아낸다. 그런 순종적인 태도로 일관하는 감정의 속임은 언제까지일까? 정답은 많은 시청자가 보았을 때 완벽한 사면초가의 상황이 되어 여주인공의 마음은 만신창이가 될 때까지다. 여주인공을 공격하는 사람을 도저히 가만히 봐줄 수가 없고, 혹시나 공격하는 배우는 대중목욕탕에 감녀 옆에 있던 어떤 아줌마의 찬물 세례까지 감수해야 할 정도까지다. 결국에는 여주인공의 감정이 폭발하고 파국을 맞는다. 그리고 이제는 과거와 같이 감정을 속이는 세상에서 살지 않겠다는 다짐도 한다. 합리적으로 업무도 처리하며 타인과의 관계도 적극적으로 나서서 정리한다. 그러면서 드라마는 종결된다.

만약 드라마에서 주인공으로 나오는 사람들이 자신이 필요할 때 자신의 할 말을 예의 바르고 명확하게 표현하고 솔직한 감정으로 사람들을 대한다면 어떻게 될까? 갈등도 없고, 쟁쟁한 감정 교류도 없고, 오해도 없는 순탄한 드라마는 한 달도 안 되어 막을 내리고 다른 막장 드라마로 교체될 것이다.

대화의 수지균형도 마음 성형이다

양적인 균형을 맞추자

버는 돈과 쓰는 돈의 균형을 이루어야 잘산다는 평을 듣는다. 돈을 벌기만 하고 쓰는 일에 인색하면 구두쇠라는 소리를 듣고, 돈을 벌지도 못하면서 쓰기만 한다면 가난을 면치 못한다. 적당히 벌고 적당히 써서 수지균형을 맞추는 것은 지혜로운 소비생활이다.

이처럼 인간의 감정도 들어오는 것과 나가는 것의 균형을 이룰 필요가 있다. 예전에 어르신들의 말씀 중에 입은 하나요, 귀는 둘이기 때문에 듣는 것을 두 배로 하고 말하는 것을 줄이라는 표현을 들은 적이 있다. 처음 듣기에는 그럴 듯했다. 하지만 이는 상황에 따라 다르게 해석해야 한다.

A와 B 두 사람이 이야기를 나눈다고 가정하자. A가 일방적으로 이야기를 늘어놓자, B는 A의 말을 경청하려 한다. 그러다 보니 B는 말을 아끼게 된다. 일방적 대화가 짧은 시간에 일어난 일이라면 문제가 없지만, 이야기가 길어질수록 대화의 균형은 깨진다. 그리고 서로의 마음속에는 각각 다른 마음이 자리 잡는다. A는 B를 보면서 속을 알 수 없는 사람이라 생각한다. 반대로 B는 A를 보면서 자기 이야기만 늘어놓은 수다스럽고 배려가 없는 사람이라 생각한다.

대화를 나누는 대상이 늘어나게 되어도 상황은 마찬가지다. 3명이 대화를 나누게 되면 한 사람이 말하는 시간은 1/3로 줄게 된다. 상대방들도 각각 말을 1/3로 축소하게 되면서 듣는 시간도 저절로 늘게 된다. 대화의 질에도 문제가 있지만, 서로 양을 조절하여 대화의 양을 맞추어 교감해야 한다.

친한 친구들과 몇 시간 동안 대화를 나눈 적이 있을 것이다. 어떤 친구가 이야기를 독점하면서 대부분 시간을 사용했다면 어떤 기분이 들었는가? 그 친구에게 특별한 상황이 있어서 그랬거나, 한 번으로 끝났다면 얼마든지 이해할 수 있다. 하지만 한 친구만 이야기를 독점하거나 남의 이야기를 가로채거나 무시하는 일이 일어난다면, 그 친구를 자기 본위의 사람이라 평하게 되고, 차후의 만남을 꺼린다.

한편, 상대의 이야기에 귀를 기울여주는 친구를 보면 좋은 느낌을 받는다. 특히 내 이야기에 열심히 경청하고, 가끔 감탄사와 추임새를 넣어준다면 금상첨화(錦上添花)다. 그런 친구는 자주 만나고 싶고, 속 깊은 이야기도 털어놓는다. 그런데 그 친구가 듣는 일에만 열중하고, 말하는 것은 꺼린다면 어떨까? 상대는 혹시 이 친구가 나의 마음을 떠보는 것은 아닐까? 잘 듣고는 있다지만 속마음을 숨기고 무언가 캐내기 위해 그러는 것은 아닐까? 또는 다른 요구조건을 얻기 위한 건 아닐까? 하면서 의심하는 사람도 있다. 자신의 마음을 오픈하지 않고 듣는 일에만 열중한다면, 처음에는 좋은 평을 받을 수 있겠지만 차후에는 의심을 받는다.

건강한 대화에는 균형이 필요하다. 내가 던지는 말의 시간과 상대가 이야기하는 말의 비중이 균형을 맞추어야 건강한 대화를 나눌 수 있다.

마음의 문을 연다는 의미

대화의 균형에는 질적인 면도 고려해야 한다. 대화의 질적인 면이라고 하면, 상대방의 마음을 오픈하는 정도다. 진심을 담아 거짓 없이 나누는 대화는 시간의 양과 관계없이 깊은 울림이 있다. 그 속에서 친밀감이 형성되고 단단하고 질긴 신뢰의 끈이 형성된다. 따라서 친밀한 관계의 첫 단추는 개방적 태도다.

우리는 자주 마음의 문을 열자고 말한다. 마음의 문이란 무엇인가? 문은 어떤 공간과 공간 사이에 존재하는 차단막을 말한다. 차단막은 무작정 들어오려는 외부인의 침입을 막아주는 역할을 한다. 굳게 닫힌 문은 외부인을 통제하는 긍정적인 역할도 하지만, 반대로 좋은 사람이 들어오는 것을 막는 역할도 한다.

닫혀 있다고 생각한 문을 일부러 뚫고 들어오는 사람이 있는가 하면, 얼마든지 들어올 수 있는 문임에도 닫혀 있다는 이유로 들어오기를 꺼리는 사람도 있다. 누군가 우리 집에 들어오는 일은 반가운 일이지만, 부담으로 작용하기도 한다. 부족한 살림을 보고 도움을 주는 사람도 있지만, 그 모습을 보고 혀를 찰 수도 있기 때문이다. 풍족한 살림을 보고 부러워하며 칭찬을 하지만, 한편 샘을 내고 욕심을 부릴 수도 있다.

과거 우리나라 집 구조를 살펴보면 차단막의 높이는 높지 않았다. 담이나 문이 높을 필요가 없었던 이유는, 자신이 소유한 것들이 남들보다 그다지 많지 않았고, 남들은 내가 가진 물건을 탐하지 않을 것이라는 믿음 때문이었다. 그리고 이웃 간에는 서로의 형편을 어느 정도 알고 있었기에 누군가 어려움이 닥치면 서로 도움을 주고 살았다.

돈을 많이 가진 사람들은 자신이 재산을 지키기 위해 잠금장치를 한다. 담과 문에 자물쇠 채우는 것도 모자라 알림 및 경고 장치, 그리고 CCTV도 설치한다. 금고에는 여러 개의 자물쇠 또는 최첨단의 기술로 도배가 된 잠금장치를 사용한다.

마음의 문도 이와 비슷하다. 마음을 들키고 싶지 않은 사람은 마음의 문을 굳게 닫는다. 타인과 교류하다가 마음이 오염될 것 같으면 마음을 닫는다. 하지만 나의 마음이 들켜버린다 해도 문제가 되지 않는다면 굳이 문을 닫아 놓을 이유가 없다. 그리고 상대에 대한 신뢰가 클수록 나의 차단막은 낮아진다. 결국, 타인에 대한 신뢰의 높낮이는 서로의 칸막이 높이와 같다. 상대에 대한 신뢰도가 높은 사람은 마음의 잠금장치가 복잡하지 않다. 복잡하게 방어기제를 사용할 필요성도 못 느낀다. 하지만 타인을 믿지 못하는 사람들은 방어기제를 자주 사용한다. 그들은 언젠가 타인들이 나를 공격하거나 나를 떠날 것이라는 불안감 때문에 불신의 차단막을 설치하고, 타인이 떠났을 때 나는 잘못이 없다는 것을 증명하려고 자신의 모습을 드러내지 않는다.

자신을 오픈하는 사람이 맑은 사람이다

아이의 마음은 맑은 마음의 대명사다. 그래서 성서에서도 아이처럼 행동하라고 말한다. 아이들은 누구를 만날 때도 자신을 오픈한다. 처음 본 사람에게도 자기 이름을 말하고, 도와 달라고 하며 자기 생각을 말한다. 최근 시절이 수상하여 부모님들이 남에게 자신의 정보를 알려주지 말라는 교육을 받아서 그렇지, 아이의 마음은 순수하고 깨끗하다.

상대방과 좀 더 친밀한 관계를 원한다면 아이처럼 자신을 오픈해야 한다. 내가 먼저 마음의 문을 열면 상대방도 열게 된다. 자신의 이야기, 가족의 이야기, 그리고 비밀스런 이야기를 하나둘 나누다 보면 상대도 천천히 숨겨왔던 마음을 연다. 서로 비밀스런 이야기를 나눈다는 것은 이미 서로를 신뢰하고 있음을 의미한다.

오래전, 고교동창 친구에게서 전화가 왔다. 같은 동년배들끼리 매달 골프모임을 하는데, 함께하자는 제안이었다. 마침 스트레스를 푸는 방법으로 운동이 필요했던 시기인지라 흔쾌히 허락하고 그 모임에 가입했다. 나중에 안 사실이지만, 그 모임의 회원들은 전원 남자였고, 자기 분야에 전문가로 활동을 하고 있었으며, 나름 사회적 위치를 닦아 놓은 상태였다.

나는 그들과 운동도 하면서 점심 저녁도 함께했다. 온라인 소통방을 통해 경조사도 챙기며, 술자리도 하게 되었다. 한번은 술을 함께 마시면서 참석하지 못한 친구의 안부를 물었다. 그래도 친하다고 생각했던 친구에게 안부를 물었건만, 서로 어떤 일을 하고 있는지 몰랐다. 우리는 분명 같은 지역에 살고 있으며, 대부분은 고등학교 동기이거나 옆 고등학교를 나온 친구들이었다. 그런데도 서로를 모르면서 4년이나 지내왔다고 한다. 물리적으로 함께하고 있지만, 정서적 교류가 없는 모임.

나는 서로 소통하는 모임으로 바꾸려고 노력했다. 내가 먼저 친구들에게 나 자신을 소개했다. 그리고 한 사람씩 무슨 일을 하는지, 요즘 어떤 고민이 있는지, 선호하는 음식이나 여행 경험에 대해서도 나누었다. 그 결과 자동차공업사를 운영하는 친구, 보험업을 하는 친구, 여유자금으로 재테크를 해주는 친구, 동물병원을 운영하는 친구, 법무사를 하는 친구, 건설업을 하는 친구, 음식점을 하는 친구를 두게 되었다. 이를 계기로 법적인 문제, 여유자금 활용, 반려동물에 대한 정보, 맛있는 음식을 간단히 만드는 방법 등 그 분야의 전문가와 터놓고 이야기할 수 있는 채널을 얻었다.

처음에는 운동이 좋아 시작한 골프모임이, 이제는 서로 힘이 되고 정보를 주고받는 친밀한 관계 모임이 되었다.

자기개방은 말을 많이 하거나 자신을 설명하는 것과 다르다. 자기의 이야기를 많이 하는 사람은 개방적이라고 착각을 한다. 하지만 분명한 점은 사고의 개방성이다. 진짜 개방적인 사람은 자신을 솔직하게 말한다. 타인에 대하여 선입견이나 편견을 갖지 않는다. 나와 다른 생각에 대해서도 중심을 가지고 판단한다. 남의 이야기도 경청하며 방어기제를 사용하면서 말하지 않는다.

혼자만 이야기하는 사람은?

대화는 두 사람 이상이 모여서 자신의 감정이나 생각을 나누는 행위다. 안부를 묻는 대화도 있고 정보를 나누는 대화도 있다. 직장에서는 좋은 제품이나 서비스를 제공하기 위하여 아이디어를 나누는 대화도 있으며, 의사결정을 해야 하는 대화도 있다. 어떤 대화든 대화의 종류와 깊이를 고려하며 나눠야 한다.

대화할 때는 상대방의 의도를 파악하는 것도 중요하다. 그래야 상대의 의도에 맞는 말과 행동을 고를 수 있기 때문이다. 그리고 좋은 대화는 중간에 즐거운 유머를 활용함으로써 활력을 넣기도 하고, 중요한 정보를 주기도 한다. 이런 대화가 오고 가면 자연스럽게 주의집중도 잘 되고 경청하게 된다.

상대의 의도를 파악하려면 상대의 이야기를 잘 들어야 한다. 자기만 신이 나서 상대가 전혀 관심 없는 이야기로 시간을 끈다면 듣는 사람은 고역이다. 특히 오랜만에 만난 친구들 모임에서 한 사람이 이야기를 독점하게 되면 나머지는 무의미한 시간이 되곤 한다. 독점하는 친구의 말을 끊고 다른 친구의 근황을 묻는 것도 예의에 어긋난 행동이라고 생각하기 때문이다. 대화를 하기 싫어지는 사람에게는 의외로 공통된 특징이 있다.

대화를 독점하려 한다

대화를 독점하려는 사람들은 오로지 자신의 이야기에 집중할 뿐 타인의 말을 경청하지 않는다. 처음에는 친구들도 열심히 들어 주지만 조금씩 시간이 지나면서 집중력은 떨어진다. 결국에는 이야기를 독점하던 친구 이야기를 듣지 않고, 옆에 앉았던 친구들은 화장실을 핑계로 자리를 피한다. 그 후 다시는 그의 옆에 앉으려 하지 않는다. 잠시 후 시간이 흐르면서 그 친구는 혼자 앉아 있는 모습을 보게 된다. 아무도 그의 이야기를 들으려 하지 않고 피해갔기 때문이다.

이런 친구를 보면서 직언하는 친구도 없다. 직언하면 감정이

상하고 분명 둘 간의 사이가 멀어질 것이 뻔하다. 그 상황에서 친구들은 자신의 감정을 숨기고 열심히 들어 준다. 친구니까 친구의 의견을 존중해준다며, 그 상황에 순종해버리는 것이다. 그리고 잠시 자리를 비운 사이 다른 곳으로 이동을 하거나 다음 모임부터는 이 친구와 같은 자리를 피하려 하는 모습을 볼 수 있다.

기계적으로 공감만 하는 사람

대화할 때 기계적으로 공감만 하는 사람이 있다. 어디서 상대가 말을 하면 공감하라는 교육을 받았는지, 스킬을 잘 구사한다. 그런데 문제는 상대의 이야기와 상반된 말을 하면서 공감하는 척하는 사람이다. 그들은 누군가가 말을 하면, "맞아요, 내 말이 그 말입니다. 그래서 이렇게 해야 하는 거란 말이죠."라고 하는데, '이렇게'라고 한 말은 상대가 말한 의도와 상반되는 말이다.

이들은 공감하는 척하면서 자신의 의도대로 밀고 가는 사람이다. 이들은 상대 말의 흐름이나 맥락에는 관심 없고 그냥 자기 생각만 주장할 뿐이다. 이런 사람과 말을 하다 보면 기운이 빠진다.

'이 사람은 도대체 말을 듣고 있는 건지, 안 듣고 있는 건지 알수가 없네.'

'열심히 공감하는 척하지만, 결국은 내 말을 안 듣고 있잖아.' 라는 생각을 하게 만든다.

기계적으로 공감하는 사람도 혼자만 이야기하는 사람과 마찬가지로 지속적인 관계를 갖기 힘들다. 오히려 대화에 있어 배신감을 느끼게 한다. 누군가에게 배신감을 갖게 되면 다시는 말을 섞고 싶지 않게 된다. 어디선가 그 사람의 이야기가 나오면 입이 근질거리기 시작한다.

혼자만 이야기하는 사람이나 기계적으로 공감하는 사람들의 내면을 보면 자신에 대한 불만으로 가득하다. 자신감이 떨어져 있든지 자존감이 약하다. 이들은 낮은 자기효능감과도 관련이 있다. 자기효능감은 어떤 결과를 이루는 데 필요한 행동을 조직하고 수행할 수 있다는 자기 능력에 대한 판단이다. 결과에 대한 기대가 아니라 무언가를 수행하기에 앞서 행동을 성공적으로 할 수 있다는 확신이다. 자기효능감은 결과보다 동기와 더 밀접하게 관련되어 있다고 본다. 자기효능감은 성격유형과 정서적 반응에도 영향을 준다. 스스로 무능하다고 생각하는 사람들은 실제보다 더 자신의 결함에 집착을 보인다. 그리고 잠재적으로 일어날 수 있는 곤란한 상상 때문에 업무나 일의 방해를 받으며 적절한 주의를 기울이지 못한다. 하지만 자기효능감이 높은 사람은 상황적 요구에 적절한 주의와 노력을 기울인다.

자기효능감이 낮은 사람들은 자신에 대하여 'Not OK 감정'을 지니고 있다. Not OK 감정이란 어릴 적 부모로부터 자라나면서 만들어진 인생의 태도인데, 자신의 긍정적인 모습을 구현하기보다는 부정적인 모습에 집착을 보이는 특징이 있다. 이런 부정적인 자기인식은 상대방에게 무척 불편한 상황을 만든다.

그중 가장 많이 두드러지게 나타나는 것이 '관심 끌기' 행동이다. 자신의 부족한 면을 채우기 위하여 소유한 물건이 얼마나 비싼 것인지 알리려 한다. 그런 이유로 평범한 가방이나 지갑보다는 비싼 명품으로 치장한다. 그들은 자신이 만나는 사람들은 유명인이라고 자랑하고, 저명인사와 친하다는 것을 공공연히 과시한다. Not OK 감정을 채우고 확인하는 과정이다. 타인에게 과시가 필요한 그들은 자연스럽게 말이 많아지고 자기 본심보다는 남들 이야기로 가득하다. 자신에 대해 질문을 하면, 소유한 것에 대한 자랑, 자기 주변과 관계된 이야기로 관심 끌기를 한다. 즉 청자에게는 별로 흥미가 되지 못하는 이야기만 길게 늘어놓을 뿐이다.

4장

마음 성형 1단계
– 자아상태 활성화

넝쿨째 굴러온 당신

KBS 드라마 '넝쿨째 굴러온 당신'의 한 장면이다.

며느리는 시어머니에게 화장품을 선물로 드리지만, 시어머니는 이미 사용하는 것이 있다며 돌려준다. 며느리는 선물 받은 것이니 부담스러워하지 말라며 거듭 권했다.

시어머니는 며느리에게 평소에 쌓인 불만을 이야기하며 선물을 받지 않았다. 며느리의 씀씀이가 너무 크다고 지적하며, 젊을 때 돈을 모으는 것이 중요하다고 충고했다. 며느리는 이에 대해 아무 대답도 하지 못했다. 그러자 시어머니는 전에 세탁기를 사준 것도 기쁘지 않았다며, 며느리의 친정 오빠가 사업자금으로 돈을 날린 이야기를 꺼냈다. 며느리는 당황하며 대답하지만, 시어머니의 말은 계속되었다.

이때 아들 귀남은 우연히 문밖에서 이 대화를 듣다가, 더 이상 참지 못하고 방에 들어갔다. 귀남은 와이프를 내보내고, 어머니에게 앞으로 며느리를 혼낼 일이 있으면 자신이 있을 때 함께 이야기해달라고 부탁한다. 어머니는 귀남 내외가 떠난 뒤 설움에 눈물을 흘렸다.

이 장면에 나오는 귀남은 어떤 사람일까?

배은망덕하고 못된 아들일까? 결혼하더니 아내에게 꽉 잡혀 어머니는 안중에도 없는 남편일까?

어느 쪽으로든 판단할 수 있다. 하지만 만약 와이프에게 이런 잔소리를 자꾸 해대는 어머니에게 한마디도 못 했다면 어떤 일이 벌어질까? 몇 분 전 화장품을 어머니께 드리려고 갔다고 도로 가지고 온 아내에게 아들 귀남은 이유를 물을 것이다. 아내는 어머니에게 혼이 난 이야기며 다른 이야기도 할 것이다. 처음에는 '그럴 수도 있지.' 하면서 넘어갈 수 있지만, 이런 일이 계속되면 어떻게 되는지를 생각해 봐야 한다.

어머니의 간섭이 이어질수록 아들은 한집에서 사는 것은 부담스러워진다. 그리고 어머니와 아내와의 갈등 속에서 마음도 편치 않다. 앞으로 직장문제, 가정문제, 자녀문제 등 속속들이

간섭해올 것이다. 호의를 가지고 드리는 선물을 반갑게 받아들이기는커녕 잔소리를 하는 계기로 삼는 어머니가 무척 불편해질 것이다. 그리고 결심할 것이다.

"우리는 사고로 30년 동안 어머니와 떨어져 살아왔어. 그래서 앞으로는 더욱 떨어져 살지 않으려고 노력했어. 하지만 어머니와 같은 집에서 산다는 것이 오히려 불편해지고 있어. 지금이라도 늦지 않았다면, 미국에 있는 교수님께 전화해서 미국 병원으로 돌아가는 편이 낫겠어. 그게 아니라면 지방에 있는 병원에 취직해서 어머님과 떨어져 사는 것이 우리 가정이 더 행복해지는 방법이야."

아들 귀남이 이런 결정을 내리고 집을 나간다면 어머니는 행복할까? 30년 전, 깜빡하는 사이 어린 아들을 잃어버리고 생사도 모른 채 죄인처럼 살아온 어머니다. 항상 죄책감에 시달리며 살아오던 어느 날, 헤어진 아들이 세입자로 들어왔다. 어머니는 친자임을 확인하고는 이제 다시는 헤어지지 않겠다며 아들과 함께 살기를 희망했다. 아들도 자신의 꿈을 접고 미국으로 가는 것을 포기했다. 하지만 아들에게 잘하려는 어머니의 기대와 달리 간섭과 집착으로 나타난다. 그것이 아들 부부를 힘들게 만든다. 어머니의 Not OK 감정이 드러난다.

이런 상황에서 반드시 알아야 할 것이 아들 귀남의 행동이다. 그는 가장 어른스럽고 성인다운 행동의 모범을 보였다. 우선 그는 아내를 분리했다. 이는 아내가 있는 상태에서 엄마에게 직언하는 모습을 보이지 않기 위함이다. 귀남은 겸손하면서 예의 바른 태도로 어머니에게 말을 한다. 말할 때는 부드럽지만 단호하다. 분명하고 명확하다. 앞으로 아내를 혼낼 일이 있으면 아들과 함께 불러달라고 한다. 엄마는 이런 아들의 행동과 말이 서글프고 억장이 무너지는 느낌일 것이다.

하지만 아들이 자신의 속도 내보이지 않다가 어느 날 갑자기 미국이나 지방으로 병원을 옮기거나 인연을 끊고 산다면 엄마는 행복할까? 왜 그런지 이유도 모르거나, 다른 이유가 있는 듯 속이고 이사 갔다면 어머니는 마음이 편할까?

114

인간 심리와 자아상태

위의 사례에서 어머니는 왜 Not OK라는 감정을 가지고 있었을까?

미국의 정신과 의사인 번(Berne, 1954)은 환자를 치료하는 과정에서 모든 인간에게는 다른 개념의 3가지의 자아상태가 존재하고 있음을 알았다. 이것들은 프로이트(Freud)가 말하는 초자아(super ego), 자아(ego), 그리고 원욕(id)과 같은 모호한 개념이 아니고 직접 발견할 수 있는 실재들이라고 하였다.

그가 말하는 세 가지 자아상태는 각각 분리되어 있으며 행동의 인간행동의 원천이 된다고 말했다. 또한 세 가지의 자아상태는 사고 및 감정의 근간을 이루는 하나의 시스템이라고 정의하였다. 자아상태는 '지금 여기(Here And Now)'에서 본인이 확실히 구체적으로 '그것'이라고 의식할 수 있고, 자각할 수 있는 느낌, 생각, 행동의 방법이다.

세 가지 자아상태는 P, A, C를 말한다. 그리고 P는 부모(Parent), A는 성인(Adult), C는 어린아이(Child)의 앞글자다.

세 가지 자아상태 중 가장 먼저 발달하는 것은 C다. 인간은 태어날 때부터 불쾌감을 중심으로 자각 운동을 하면서 만족하고 유쾌한 경험에 감각적 반응을 보이면서 C자아가 발달한다. 그 이후 부모의 행동습관을 모방하면서 P자아를 형성하게 된다. 마지막으로 발달하는 것이 A인데 자기 세계의 의미를 탐색하고 판단력과 조정력을 발휘하려면 C와 P단계를 거쳐야 한다.

〈표 1〉 자아상태의 약식 도형

자아상태	설 명
P	부모의 모습을 닮은 자아상태 : 부모(Parent)
A	현실의 객관적인 평가를 지향하는 자아상태 : 성인(Adult)
C	유년기에 고착된 원초적 유물로서의 자아상태 : 어린이(Child)

어버이 자아(P)는 5세 이전 부모를 포함한 의미 있는 연장자들의 말이나 행동을 무비판적으로 받아들여 내면화시킨 것이다. 주로 독선적·비현실적·무조건적·금지적인 행동을 말한다.

그중 CP는 Critical Parent의 약자로, 부모의 윤리·도덕·가치판단의 기준이 그대로 내면화된 자아상태다(아버지로부터 얻는다). CP가 강하면 다른 사람의 권리를 고려치 않고 편견적·봉건적·비난적·징벌적·배타적인 말을 단정적·조소적·강압적·교훈적인 말투로 나타내는 경향이 강하다.

NP는 Nurturing Parent의 약자로 부모가 자녀를 사랑하고 돌보는 등 자녀를 양육하는 말이나 행동이 그대로 내면화된 자아상태다(어머니로부터 얻는다). NP가 강하면 구원적·보호적·위안적·배려적·동정적이어서 온화하고 부드러운 말투와 수용적이고 보호적인 자세가 강하다. 이 자아는 남의 고통을 자신의 고통으로 여기는 면이 있다.

어른 자아 A는 현실적인 것을 위해 필요한 지식을 축적하고 그것을 합리적으로 이용하는 것을 말한다. 정보를 수집하는 인간의 객관적인 부분이다. A자아상태가 강하면, 감정이 아닌 사실에 근거하여 사고하고 행동하기를 좋아하며, 감정과 윤리·도덕적인 면은 배제한다. 그리고 정보를 수집·정리·분석하고 객관적·합리적·분석적·지성적·논리적·사실 평가적 경향이 강하다.

어른 자아는 출생 후 10개월경부터 서서히 나타나며, 자신의 자각과 독창적 사고를 통하여 자기실현의 가능성을 보이는 시기가 어른 자아의 형성 초기라고 할 수 있다. 또 이것은 어떤 것을 혼자 힘으로 해낼 수 있는 어린이 자아의 능력의 토대 위에 형성되며, 다른 자아상태와 달리 하나의 삶에 대한 사고개념이다.

어린이 자아인 C는 프로이드(Freud)의 이드(id)에 대응시킬 수 있는 것으로, 개인의 어린 시절의 흔적을 저장해 놓은 곳이다. 어린이 자아는 수반되는 마음가짐과 더불어 어린애 같은 행동을 일으킨다. 어떤 개인에게 이성보다 감정이 지배할 때는 그의 어린이 자아가 작동된다고 할 수 있는데, 사람이 생득적으로 일어나는 모든 충동과 감정, 그리고 5세 이전에 경험한 외적 사태, 특히 부모와의 관계에서 경험한 감정과 그에 대한 반응 양식이 내면화된 것이다. 어린이 자아 C는 기능적인 면에서 자유로운 어린이(FC, Free Child, 자유로운 아이), 적응적 어린이(AC, Adapted Child, 순응적인 아이)로 나누어진다.

그중 FC는 제어당하지 않거나 훈련받지 않은 생긴 대로의 자아상태를 일컫는다. 부모나 어른들의 반응과 무관하게 자연스레 일어나는 자신을 나타내며, FC가 높으면, 천진난만, 순진성, 창조성, 자유분방, 멋대로 사는 경향이 강하다. 반면 AC는 부모의 관심을 얻기 위해 이들의 요청에 부응하려는 적응기능이며, 어른들에게 칭찬받으려고 하는 행동을 나타낸다. AC가 높은 사람은 순응적·소극적·의존적·반항적 특징, 순종, 우등생 기질, 착한 모범생, 규범 준수형, 권위 복종형 등의 경향이 있다. 즉 FC는 타인에 대해 화를 내는 것과 같은 행동을 보이지만, AC는 타인을 지나치게 의식하여 죄의식, 두려움, 부끄러움 등으로 특정된다.

〈표 2〉 자아상태의 개념

자아상태	설 명
통제적 부모(CP)	1. 비판적 어버이 자아(critical parent ego: CP)
양육적 부모(NP)	2. 양육적 어버이 자아(nurturing parent ego: NP)
성인(A)	3. 어른(adult ego: A)
자유로운 어린이(FC)	4. 자유분방한 어린이 자아(free child ego: FC)
적응적 어린이(AC)	5. 적응적 어린이 자아(adapted child ego: AC)

⟨표 3⟩ 자아상태의 양면성

부정적 측면	자아상태	긍정적 측면
권위적, 강압적, 독단적, 편견적	CP	도덕, 전통유지, 규율, 규범, 이상추구, 생명의 안전, 선악의 판단
과보호, 과간섭, 맹목적 애정, 잔소리	NP	양육, 보호, 지지, 타인의 입장이해 친절, 인정미, 육성
인간미가 적다 무감동 생활, 냉정함	A	이론적, 합리적, 객관적, 현실지향적 P와 C를 조정, 통제
반항적, 공격적, 자기중심적, 방종적, 공포심이 많다	FC	애정표현 풍부, 충동적, 관능적, 자발적, 호기심 강함
우물쭈물, 지연책, 폐쇄적, 자폐증의 발생	AC	복종, 대결을 피함, 자기를 내세우지 않음(겸손)

5가지 자아상태는 각각의 긍정적인 측면과 부정적인 측면이 동시에 존재한다. 이 말은 CP라는 자아는 권위적·강압적인 부정적인 면이 있는 사람은 도덕적이고 원칙을 잘 지키는 사람이라는 뜻이다. NP의 긍정적 측면, 즉 양육적이고 타인의 입장을 잘 이해해 주는 사람은 과보호나 과간섭을 하는 측면이 강하다는 것을 뜻한다. 마찬가지로 A자아가 강한 사람은 이론적·합리

적인 사람이 인간미가 떨어지고, 애정 표현이 풍부한 FC가 높은 사람은 반항적인 사람이며, 겸손하고 복종적인 AC가 강한 사람은 폐쇄적이며 지연책을 자주 사용하는 사람이다.

인간을 심리학적으로 관찰할 때 TA(교류분석, Transactional Analysis)에서는 지나친 AC에 주목한다. 그 이유는 AC는 자신을 극도로 억압하여 가짜 어른처럼 행동하면서 스트레스를 느끼고 신체 증상을 나타내거나 지금까지와는 전혀 다른 행동을 나타내는 등 주위 사람들을 심한 곤경에 빠뜨리는 경우가 있기 때문이다. 여기서 가짜 어른처럼 행동한다는 것은, 자신은 하고 싶은 것이 있고 얻고 싶은 것이 따로 있지만, 그렇게 표현하지 않고 철이 들었다는 표현처럼 관대하고 성숙한 이미지를 가진 어른처럼 행동하는 것을 말한다. 이 때문에 스트레스를 느끼고 시간이 지난 후에 "사실 나도 그것이 갖고 싶었던 것이 사실이야. 하지만 어쩔 수 없었어."라고 말하는 식의 표현으로 상대를 당황하게 만든다.

이러한 가짜 어른 같은 행동은 타인에게 참을성 있고 성숙한 사람의 모습으로 보이지만, 시간이 지날수록 자신에게는 스트레스를, 타인에게도 참았다가 언젠가 한꺼번에 폭발할 불씨를 제공한다.

마음 상태를 진단하는 방법

자신의 자아상태 점검하기(에고그램)

다음은 자신의 자아상태를 점검하는 진단지다. 이 측정 도구는 개인의 성격적 특성을 알아보기 위하여 일본 동경대 이와이 고이치(岩井 浩一)와 이시가와나카(石川中) 교수가 개발한 에고그램 체크리스트(TEG)를 번안한 것으로, 진단된 결과를 보면 마음 성형이 필요한지, 하지 않아도 무방한지를 알 수 있다.

진단하는 방법을 각 항목에 대해 매우 그렇다(3점), 조금 그렇다(2점), 보통이다(1점), 아니다(0점)로 표시한다. 그리고 각각의 세로로 자아상태 점수를 더해 보자.

	문 항	CP	NP	A	FC	AC
1	자기의 손익을 생각하고 행동하는 편이다.				□	
2	자유롭게 행동하는 사람이라고 생각한다.				□	
3	남의 말을 가로 막고 자기 생각을 말하는 일이 있다.	□				
4	생각하고 있는 바를 말하지 못하는 성질이다.					□
5	다른 사람을 엄하게 비판하는 편이다.	□				
6	다른 사람에 대해 헤아려 주는 바가 강하다.		□			
7	상대방의 좋은 점을 잘 알아차리는 편이다.		□			
8	대화 중에 감정적으로 되는 일은 적다.			□		
9	호기심이 강한 편이다.				□	
10	시간약속이나 돈 문제를 소홀히 하는 것을 싫어한다.	□				
11	사람들로부터 좋은 인상을 받고 싶어 한다.					□
12	남의 부탁이라면 거절하지 못하는 편이다.					□
13	양보심이 많으며 참는 편이다.					□
14	사회의 규칙, 윤리, 도덕 등을 중시한다.	□				
15	사물을 분석적으로 깊게 생각한 다음에 결정한다.			□		
16	싫은 일은 핑계를 달아 뒤로 미루는 경향이 있다.					□
17	아이들이나 남의 일을 돌보아 주는 것을 좋아한다.		□			
18	자기생각을 주장하기보다 타협하는 일이 많다.					□
19	감정보다는 이성적인 편이라고 생각한다.			□		
20	예절이나 규범에 까다로운 편이다.	□				
21	남의 의견은 찬반양론을 듣고 참고로 한다.			□		
22	놀이나 음식 등을 만족할 때까지 찾는 편이다.				□	
23	책임감을 남에게 강하게 요구한다.	□				
24	타인에 대해 융통성이 있는 편이다.		□			
25	남의 안색이나 말에 신경을 쓰게 된다.					□

문항		CP	NP	A	FC	AC
26	괴로울 때는 참는 편이다.	■	■	■	■	
27	"해야 한다, 하지 않으면 안 된다"와 같은 말을 자주 쓴다.		■	■	■	■
28	말하고자 하는 것을 서슴없이 말해 버리는 편이다.	■	■	■		■
29	작은 잘못이라도 흐지부지 지나치지 않는 편이다.		■	■	■	■
30	남의 기대에 어긋나지 않도록 노력을 많이 한다.	■	■	■	■	
31	자기감정을 억누르는 편이다.	■	■	■	■	
32	원하는 것을 손에 넣지 않으면 못 배기는 편이다.	■	■	■		■
33	무슨 일이나 사실에 입각해서 판단한다.	■	■		■	■
34	"야, 멋있다, 우와"와 같은 감탄사를 자주 쓴다.	■	■	■		■
35	자신이 없고 열등감을 느낄 때가 많다.	■	■	■	■	
36	여러 가지 책을 많이 읽는 편이다.	■	■		■	■
37	농담을 잘 하는 편이다.	■	■	■		■
38	화내는 일이 많은 편이다.		■	■	■	■
39	좋다, 나쁘다를 분명하게 말한다.		■	■	■	■
40	앞으로의 일을 냉정하게 생각하고 행동한다.	■	■		■	■
41	잘 모르는 것은 질문이나 상의해서 처리한다.	■	■		■	■
42	아이들이나 부하의 잘못에 대해 관대하다.	■		■	■	■
43	상대방의 말에 귀를 기울여 공감하는 편이다.	■		■	■	■
44	아이들이나 부하를 엄격히 교육시킨다.		■	■	■	■
45	흥에 겨우면 도에 지나친 행동을 할 때가 있다.	■	■	■		■
46	길을 물으면 친절히 가르쳐 준다.	■		■	■	■
47	감정이 풍부하고 눈물이 많은 편이다.	■	■	■		■
48	친구나 가족들에게 무엇이든 사주는 것을 좋아한다.	■		■	■	■
49	몸이 좋지 않을 때는 자중해서 무리를 하지 않는다.	■	■		■	■
50	동정심이 많다고 생각한다.	■		■	■	■
	합 계					

표시해 보기

인간의 마음상태는 앞에서 설명한 바와 같이 CP, NP, A, FC, AC로 나누어져 있으며, CP가 강하게 나타나면 지배적인 면이 강하고, CP가 약하게 나타나면 관용적인 편이라는 말을 듣는다. NP가 강할 경우 헌신적이라는 소리를 듣고, NP가 낮으면 지배적이라는 평을 듣는다. A가 두드러지게 나타나는 사람은 논리적이고 현실적인 사람이며, A가 약한 사람은 원칙이나 법칙 등 논리적인 면을 싫어하고 자기 멋대로 생각 또는 행동하기를 좋아하는 사람이다. 높은 FC는 자유로움을 추구하는 어린이 같은 마음으로 즉흥성이 강한 반면, 낮은 FC는 폐쇄적으로 자신의 마음을 함부로 보여주지 않고 숨기는 경향이 있다. AC가 높게 나타나는 사람은 의존적으로 행동하고, 낮은 AC는 타인과 함께하는 것을 꺼리고 독자적인 행동을 선호하는 사람이다.

	지배적	헌신적	현실적	해방적	의존적	
30						29
28						27
26						25
24						23
22						21
20						19
18						17
16						15
14						13
12						11
10						9
8						7
6						5
4						3
2						1
0						
	관용적	지배적	자의적	폐쇄적	독자적	
	CP	NP	A	FC	AC	

대표적인 자아상태 유형

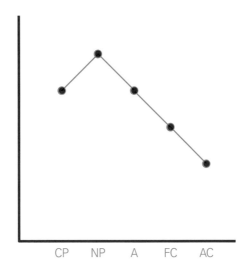

가장 일반적으로 나타나는 건강한 자아상태는 NP나 A를 정점으로 하여 산 모양을 그린 유형이다. 이 모양은 마치 오른손을 펼쳤을 때 손바닥을 표시하는 것과 비슷한 모습이다. 이들은 나와 타인에 대하여 OK-OK의 마음을 가지고 있다. 자신도 독립적으로 움직이며 타인의 독립성도 인정해 준다. 그리고 이들은 상호 협력을 추구하는 유형이다. 따라서 마음이 가장 건강하고 이상적인 자아상태라고 할 수 있다.

공격적인 사람의 마음상태

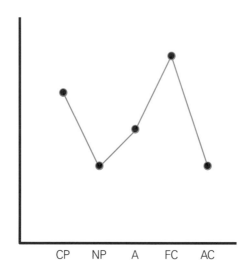

그렇다면 공격적인 사람과 순종적인 사람의 마음 상태는 어떠한지 알아보도록 하자. 공격적인 사람의 마음상태는 상대를 배려하는 마음이 적다. 따라서 자아상태 중에 NP는 적게 나타나는 것이 일반적이며, 상대를 향해 비판적이고, 규율이나 규범을 내세우면서 말 또는 행동을 하는 경우가 많으므로 CP는 강하게 나타난다. 한편 A는 적당한 편이며, 자기를 표명하는 FC는 강하게 나타나기 마련이다. 마지막으로 AC는 상대의 입장을 고려하기보다는 자기 입장을 주장하는 경우가 강하므로 대체로 낮은 AC 상태를 보인다. 이러한 공격적인 사람의 마음상태는 아래와 같이 자기를 긍정하면서 타인을 부정하는 마음이 내재되어 있다고 볼 수 있다.

순종적인 사람의 마음상태

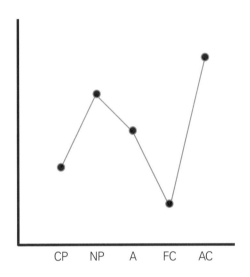

CP   NP   A   FC   AC

한편, 순종적인 사람의 마음상태는 앞와 반대의 경향을 나타낸다. 공격적인 사람은 CP가 강한 반면, 순종적인 사람은 CP가 매우 약하다. 대신 NP가 강하게 나타나며, FC는 매우 적게 나타나는 특징이 있다. 그리고 AC가 매우 높게 나타나는 특징이 있다.

CP가 약한 사람은 사회적인 이슈나 정치에 무관심하다. 따라서 최근 뉴스나 집중적으로 조명되는 정세에 대해 비판적인 마음이 적고 자신과 무관한 일에 신경을 덜 쓴다. 만약 사회적 이슈에 대해 자기 입장을 표시하면 타인의 비판이 뒤따른다는 것을 알고 있다. 그들은 CP가 약하지만 NP가 강하게 나타나는 편인데, 이 NP는 상대에 대한 배려이며 남을 위하는 마음이 강하고 상대의 감정을 잘 읽는 특징을 가지고 있다. 약한 FC는 감정의 콘트롤을 설명하기도 하지만 근본적인 문제점은 활성화되어 있지 못한 점이다. 평소 자신이 하고 싶은 말이나 행동이 있어도 적절하게 이야기를 하거나 명확하게 표현하지 못한다. 따라서 이런 사람은 평소 과묵하게 보이고 타인과의 갈등도 일어나는 경우가 드물며 좋은 사람으로 인식된다. 높은 AC는 상대방의 입장이나 표현에 대한 대응이 독자적으로 움직이지 않고 의존적이라는 것을 말해 준다. 이는 자유로운 어린이 자아가 발달하지 못하고, 순종적이고 의존적인 어린이 자아가 발달하여 자신의 감정이나 욕구를 숨기는 경향이 있다는 것을 의미한다.

이런 사람들은 어릴 적 자신이 갖고 싶은 것이나 먹고 싶은 마음이 있어도 그것을 표현하려 할 때, 그러지 못하도록 강요를 받았거나 표현을 했을 당시 상대(부모)로부터 혼이 난 경험이 있다. 또는 부모로부터 칭찬을 받으면서 자라왔을 가능성이 크다.

"우리 아이는 동생과는 다르게 철이 들었어. 먹고 싶은 게 있어도 잘 참는 착한 아이거든."

이런 소리를 들으면서 자라난 아이는 '나는 착해야 해. 그래야 엄마 아빠로부터 칭찬을 받을 수 있어.'라는 자기 명령을 내리면서 자신의 욕구를 억누르려 한다. 즉 가짜 어른자아가 주로 활동을 하면서 거짓된 표현이 많고 자신의 감정을 극도로 자제한다.

그리고 그런 상황에서 자신의 욕구를 조절하지 못하는 사람과 어울리려 하지 않는다. 향락적인 사람을 싫어하며 자신 또한 사물을 즐기지 못하면서 살아가는 편이다. 이렇듯 타인에 대하여 순종적이고 자신에 대하여 부정적인 마음을 갖는 사람의 마음상태는 N자 형을 취하는 모습이다.

자타 부정적인 사람의 마음상태

부정적인 사람이 가장 조심해야 할 마음상태로 다음과 같이 V 자나 U자 형이 나타나는 사람이다. 이들은 외부에 대하여 부정적인 태도를 보이는 사람으로, 생각이나 행동이 공격적으로 나타나기도 하고 순종적으로 나타나기도 한다(순종적인 마음이 많은 편이다). 여기서 중요한 점은, 이들은 자타 부정적인 마음을 가지고 있다는 것이다. 자신이나 타인의 행동에 모두 불만족스러운 마음을 가지고 있고, 그 생각이 지배적이다. 적당히 가지고 있는 CP는 왜곡되어 있을 확률도 높다. 여기에서 왜곡되어 있다는 것은 하나의 가치관이나 기준을 가지고 있지 않고 2~3개의 가치관, 원칙, 잣대를 가지고 혼란스럽게 사용하는 것이 문제다. 그런 이유로 상대의 기준이나 원칙에 대해, 조그마한 흠집이 보이면 다른 잣대를 들이대면서 강하게 비판한다.

이런 이중 잣대의 문제점을 지적하는 상대를 만나게 되면 처음에 자신은 수긍하는 척을 하지만, 결과적으로 차후 또 다른 점을 지적하면서 자타 부정을 표현하게 된다. 즉 나도 잘한 점이 없지만, 너도 마찬가지로 문제점이 많다는 식으로 결론을 맺는다.

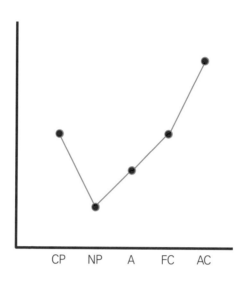

밝고 명랑한 사람의 마음상태

NP, FC 양쪽이 높고 다른 것은 그것보다는 낮은 것이 특징이다. 이 패턴은 밝고 명랑한 젊은 여성에게 잘 나타나는데, 타인에 대한 배려가 있고 호기심이 왕성하며 즐거운 것을 아주 좋아하는 사람이다. 분위기를 주도하는 밝고 유쾌한 사람이다. 반면, A가 지나치게 낮으면 현실감각이 떨어지기 때문에 항상 두세 번 생각하고 판단하는 습관이 필요하다. 그렇지 않으면 홈쇼핑을 보다가 자기도 모르게 주문하는 일처럼 즉흥적이고 충동적

으로 행동하기 쉽다. 따라서 이들은 감정이 커졌을 때는 심호흡
을 하는 방법 등으로 여유 있게 행동하는 것이 좋다.

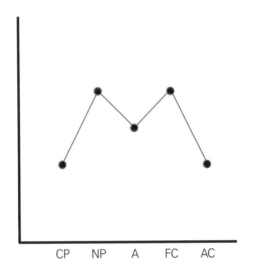

자아상태의 해석과 분석법

일반적으로, PAC를 통하여 타인 또는 자신의 성격을 파악할 수 있다. 우선 CP가 낮을 때는 느슨하거나 무절제하다는 말을 듣는다. 사회생활의 규범, 도덕, 가치관을 자신이나 상대에게 추구하지 않는다. CP가 낮고 동시에 FC가 높은 경우 자기감정이 움직이는 대로 행동해서 주위 사람의 마음을 긴장시키거나 진땀을 흘리게 만들 때가 있다. CP가 중심선보다 높을 경우 이상을 추구하고 양심적이며 책임감이 있고 권위적인 특성이 강하다. CP가 지나치게 높으면 타인에게 엄격하고 주장을 강요하거나 비판적인 경향이 있으며, AC까지 높은 사람은 본심을 억압하여 참고 있지만, 어느 시점에 도달하면 반항을 할 때가 있다.

NP가 낮으면 냉정하고 인정미가 없고 방임적이다. 이는 자기 자신에게도 해당된다. 특히 CP까지 높은 사람은 지나치게 엄격해서 생활에 여유가 없거나 융통성이 떨어지는 평가를 받는다. NP가 중심선보다 높으면 타인을 잘 도와주고 동정적이며 거절을 못 한다. 또한 NP가 지나치게 높으면 과보호 및 과잉개입 하는 면이 있다. NP가 최고조로 높은 사람들을 가끔 보는데, 이런 사람들은 아주 가정적이며 집안의 모든 일을 처리한다. 그래서 바쁘다. 청소도 하고, 주말에는 마트에 가서 직접 시장도 본다. 어떤 이는 자녀의 공부나 숙제도 도와준다. 누가 보더라도 좋은 남편처럼 보이지만, 부정적인 면은 잔소리가 많다는 점이다. 그래서 이들은 실컷 봉사해 놓고 아내에게 좋은 소리를 못 듣는다.

A가 낮은 경우 이해력이 부족하고 정확한 판단도 힘겨워하며, 계획성이 없어서 하는 일에 지장이 생길 때가 많다. 즉흥적이고 신뢰를 얻지 못하며 주관적으로 일을 처리하는 경향이 있다. 중심선보다 높으면 현실적이다. 이성적·합리적·솔직·결단의 특성이 강하며 문제를 잘 해결해 가는 편이다. 한편 A가 지나치게 높으면 물질만능주의에 빠지기 쉽고 무감정적·기계적이다. 이런 모습은 남들에게 차갑고 냉정한 느낌을 준다. 이런 사람이 FC까지 낮으면 인생을 즐길 줄 모르는 병든 조직인이 된다.

FC가 낮은 사람은 놀이나 여행 등으로 자신을 즐기려 하지 않는다. FC는 낮고 AC가 높고 CP도 높으면 자신을 억압하기 때문에 안절부절못하고 마음속에 불평을 쌓는다. FC가 중심선보다 높으면 자발적·적극적·창조적이며 직감적이고 희로애락의 감정을 솔직하게 표현하며, 개방적인 생활 태도로 살아간다. 지나치게 높으면 충동적이고 자기중심적이며 무책임한 면이 강하다. CP, NP, A가 낮은 상태에서 FC가 높은 사람이 있다. 이런 사람들은 아직 어린애처럼 행동하고 즉흥적이다. 개그맨들은 이런 자아상태를 가진 사람이 많고 평소에도 시끄럽다. 다른 사람의 일에 자주 개입하려 하고 친구도 많다.

AC가 낮은 사람은 자기중심적인 사람이다. AC가 낮은 상태로 FC가 높으면 방종하다는 말을 들을 수 있다. AC가 중심선보다 높으면 순응적이거나 타협적이며 잘 협조하는 특징이 있다. 타인의 눈치를 살핀다든지 하는 말이 마음에 걸려 걱정이나 불안감을 느낄 때도 있다. 지나치게 높으면 죄악감이나 자기 속박이 강하고 자기비하, 열등감, 적개심을 갖는다.

최근 국내에서는 자아상태요인과 관련한 연구가 활발하다. 자아상태요인과 관련한 변인을 긍정적 정서, 조직효과성, 갈등시 대처하는 방법, 인생각본과 양육태도 및 불안감에 대하여 연구한 결과는 다음과 같다.

김용애(2002)는 중학생의 자아상태와 긍정적 정서에 대해 연구했다. 그 결과 긍정적인 사람은 NP가 높은 사람이 가장 긍정적으로 나타났고, FC, A, CP의 순이었다. AC의 자아상태는 낮을수록 긍정적인 사람이라는 것을 확인할 수 있었다. 즉, AC의 자아상태가 높을 때 부정적인 사람이라는 뜻이다. 또한 5가지 자아상태가 균형을 이루지 못하고 편재되어 발달하게 되면, 어느 자아상태에서도 부정적 정서가 나타날 수 있으나, 매사에 분석적이고 지성적이며, 현실을 합리적이고 객관적으로 파악하는 자아상태에서는 부정적 정서가 나타나지 않는다고 하였다. 부정적 정서는 자신의 참된 감정이나 욕구를 누르고 부모에 순응하고 의존하려는 자세가 강해져, 부자연스럽고 불쾌한 감정을 표현하게 되고 반항적으로 변하게 될 때 강하게 나타날 수 있다고 하였다. 즉 부정적 정서는 참되고 솔직한 감정을 숨겨 놓은 상태에서 불쾌한 감정에 자극받게 되면 나타난다고 할 수 있다.

박명래(1994)는 자아상태의 5가지 요인이 조직의 업무적인 성과에 유의미하게 영향을 미치지 못했지만, 관계적 효과성에는 강한 영향력을 지니고 있다고 하였다. 특히 NP와 FC가 높을수록, AC가 낮을수록 관계적 효과성이 높아졌다고 하였다. 이는 NP적 특성이 강한 사람과 FC적인 특성이 강한 사람은 지나치게 폐쇄적이 아닐 경우(AC가 낮을 경우) 조직 내 의사소통이나 부서 간의 협조, 인간관계가 원활함을 의미한다고 하였다. 또한 잘 복종하고 순응하며 자기를 내세우지 않는 특성을 지닌 AC는 그 개념적 긍정성에도 불구하고 일정 수준이 넘으면 조직효과성(과업적, 관계적 효과성)에 부정적 영향을 미치는 것으로 나타났다. AC가 낮은 집단에서는 NP가 높을수록 과업적 효과성이 높게 나타났고, CP가 높을수록 관계적 효과성이 높게 나타난다고 하였다. 이는 NP가 강한 사람이 자발성이 지나치게 높지 않을 경우(AC가 높지 않다.) 목표가 명확하고 목표의 수용을 잘하며 역할의 명확성이나 역할의 수용성이 높음을 의미한다. 또한 AC가 일정 수준 이하로 유지되는 한 규율·규범을 준수하고 비판 정신이 강하다. 이상적인 특성을 가진 CP가 높은 사람이 인간관계, 의사소통, 부서 간 협조 면에서 원활하다고 하였다. FC가 일정 수준 유지될 경우 CP가 높은 사람이 관계적 효과성이 높음을 나타내고 있다. 이는 비판적·이상적·선악의 판단이 명확한 특성을 가진 CP가 높은 사람들은 인간관계, 의사소통, 부서간 협조를 잘하기 위해서는 자유분방성, 개방성이 강하고 감정이 풍부하며 자발성이 있는 FC적 특성이 높아야 한다고 하였다.

최승훈(2006)은 자아상태에 따라서 갈등관리 유형에도 차이가 있고, 따라서 상호 연관성이 있다고 하였다. CP가 높을수록 '해결(resolve)'의 갈등관리 유형을 선택하는 것으로 나타났으며, 이는 발생한 문제 또는 문제를 회피하지 않고 정면으로 직면함으로써 도덕적·양심적으로 올바르게 해결하려는 성향이 강함을 나타내고 있다. CP가 낮을수록 '양보(yield)'의 유형을 선택하는 것으로 나타났는데, 이는 갈등 직면 시 상대방의 말과 상황에 집중하고 갈등에 대해서는 무책임하게 되므로 양보하려는 성향이 강하게 나타났다고 하였다. NP 성향이 강하면 '양보'의 유형을 선택하는 것으로 나타났고, FC의 점수가 낮을수록 '타협(compromise)'의 갈등관리 유형을 선택하는 것으로 나타났다. AC의 점수가 낮으면 승리(win)의 갈등관리 유형을 선택하는 경향으로, AC가 높을수록 후퇴(withdraw) 및 양보의 유형을 선택하는 것으로 나타났다.

강영숙(2007)은 인생각본의 제목에서 행복함이 묻어나는 경우나 어려운 환경을 극복하고 자율적이고 능동적인 삶을 느낄 수 있는 제목들은 승리자의 각본이라고 하였다. 그리고 부모들이 어떤 금지령을 사용하고 있는지 에릭 번(교류분석의 창시자)의 다섯 가지 기능분석 이론을 근거로 하여 분석해 보니, CP적 특성을 전면에 내세우고 훈육하는 부모가 69%, NP를 전면에 내세우고 훈육하는 부모가 31%로 A와 C는 사용하지 않음을 알수 있었다. 이와 같은 결과를 볼 때, 부모들은 자녀에게 자율성을 부여하지 않고 통제를 하거나 자녀의 행동에 비판적으로 훈육을 많이 하고 있으며, 또한 자녀에 대한 과잉보호의 형태로나타나고 있다는 것을 엿볼 수 있다고 하였다.

문정희(2002)의 자녀 본인의 에고그램과 불안과의 관계를 살펴보면 자신의 5가지 자아상태요인 중 A, NP, FC가 높을수록 불안은 낮고, AC가 높을수록 불안은 높은 것으로 나타났다.

김진혁(2008)은 자기관리에 있어서 건설적 사고에 영향을 미치는 요인으로는 NP, CP, A가 영향을 미치는 것으로 나타났으며 FC와 AC는 영향을 미치지 못하는 것으로 분석되었다. 반면에 기존의 패러다임에 순응하거나 반항적인 모습을 나타내는 AC와 FC는 건설적 사고에 영향을 미치지 못하는 것으로 나타났다.

자아상태의 활성화

우리는 외모에 많은 돈을 들이지만, 마음에 투자하는 일은 거의 없다. 이제는 자신의 성격을 개조하고 타인과의 관계 향상을 위해 과감히 돈을 써야 한다. 자기 마음을 성형하는 데 투자를 했으면 한다. 피트니스 비용의 10분의 1만을 투자하면 자신의 성격을 고칠 수 있다. 성격을 고치면 자존감이 높아지고 자신을 사랑하게 되며 타인과의 갈등도 원만하게 해결할 수 있다. 그리고 좋은 인간관계는 덤으로 따라온다.

마음 성형은 자신의 의지만으로도 충분히 가능하다. 본인의 의지로만 가능하며 남이 권한다고 해서 이뤄지지도 않는다. 그

142

리고 약간의 지식만 있다면 부단한 연습으로 가능하다. 마음 성형은 절대 타인이 만들어 줄 수 없는 영역이다.

마음 성형을 마치면 좋은 결과가 기다린다. 자신을 사랑하게 되고, 타인도 진심으로 사랑할 수 있게 된다. 이런 이유로 마음 성형 후에는 새로운 인간관계가 보인다.

주변의 사람들을 둘러보면 어떤 패러다임을 살아가는지 알 수 있다. 승-승의 패러다임인지, 승-패의 마음으로 살아가는지, 패-승의 마음가짐인지, 패-패의 패러다임에 갇혀 힘들게 살아가는지가 보인다. 이는 마음 성형을 마친 사람만이 볼 수 있는 특권이다. 새로운 관계를 원한다면, 새로운 관점을 원한다면, 지금보다 나은 삶을 원한다면 지금 당장 마음 성형을 해야 한다.

지금부터 마음 성형 방법을 소개한다. 마음 성형의 첫 단계는 자아상태를 활성화시키는 것이다. 자아가 활성화가 되어 있지 않으면 아무리 그 마음을 사용하려 해도 행동으로 나타나지 못하기 때문에 반드시 활성화가 필요하다.

다음의 행동이 잘 나오지 못하는 사람은 CP가 낮은 사람들이다. 따라서 다음에 적힌 말이나 행동을 꾸준히 수행한다면 CP 자아를 활성화할 수 있다. 위의 자아상태요인을 분석한 진단지를 토대로 말하자면, 일반적으로 CP는 10 이상을 얻으면 좋다.

적어도 6점 이상은 나와야 나름의 주관적 기준을 가지고 살아가는 사람이다. 만약 CP가 5점 이하라면 적극적으로 점수를 올릴 필요가 있다. 이런 사람은 책임감이 떨어지고 윤리의식이 약하다. 도덕적 관념이 약하고 타인의 기준에 따라 움직이려는 속성이 있다. CP 점수가 낮은 사람들은 다음과 같은 행동을 꾸준히 연습하자.

CP를 높이는 방법

1. 자신을 갖고 큰소리로 이야기한다.
2. 등을 펴고 동작을 크게 한다.
3. 인생 목표, 업무 목표 등을 명확히 세운다.
4. 한번 결정한 것이나 결심한 것을 끝까지 한다.
5. 가훈, 좌우명을 만들어 수시로 읽는다.
6. 자기의 의견이나 소신을 미리 준비한다.
7. 시간, 금전 등의 계획을 세우고 엄격히 지킨다.
8. 사물의 옳고 그름을 명확히 가린다.
9. 타인에 대한 평가를 확실하게 한다.
10. 주변에서 좋지 않은 행동을 하면 주의를 준다.

NP를 높이는 방법

NP는 우리나라에서 매우 중요한 자아다. 예절과 예의, 배려를 포함하기 때문이다. 그래서 NP가 낮으면 인정머리 없다는 소리를 듣게 되고 차가운 사람으로 인식된다. 그래서 NP가 낮은 사람과는 있으면, 분위기가 냉랭해지고 관계가 불편하다. NP가 12 이하라고 하면 다음의 말과 행동을 즉시 실행해 보자.

1. 상대의 이야기를 친근감 있게 듣는다.
2. 사람을 좋아하고 싫어하는 편견을 없앤다.
3. 타인을 격려하고 용기를 북돋아 준다.
4. 타인에의 관심을 높이고 장점을 배운다.
5. 모임에서 총무나 서기의 역할을 맡는다.
6. 타인에게 관심과 호의를 몸으로 표현한다.
7. 타인의 부탁은 기분 좋게 받아들이고 최대한 지원한다.
8. 사회봉사 활동에 앞장서서 참가한다.
9. 관대한 애정으로 타인을 바라본다.
10. 타인이 듣고 싶어 하는 말을 준비해 둔다.

A를 높이는 방법

A가 적당히 높은(12에서 23 사이) 사람은 똑똑해 보인다. 반면 A가 낮으면 생각이 없는 사람처럼 보이고, 5점 이하로 낮으면 뇌가 없는 사람처럼 보인다. 물론 너무 높은 사람은 똑똑해서 무시할 수는 없지만, 너무 차갑고 계획적이고 체계적이어서 인간미가 떨어지는 것도 간과해서는 안 된다. 특히 회사 생활을 하는 사람은 적당한 A가 있어야 일 처리가 바르고 계획적이라는 소리를 듣는다.

A자아상태를 활성화하려면 다음과 같은 행동이 필요하다.

1. 무엇이든 계획을 세우고 행동한다.

2. 같은 상황에서 타인은 어떻게 할까 하고 생각한다.

3. 가능성과 결과를 예측하고 전체를 보며 추진한다.

4. 찬반 양쪽을 모두 파악하고 판단한다.

5. 하려는 것을 미리 문장화, 구체화한다.

6. 5W 1H를 활용하여 묻고 생각한다.

7. 감정이 격해질 때 틈을 두고 천천히 말한다.

8. 현실적 상황과 여건을 고려하여 행동한다.

9. 요가, 명상, 자율훈련 등 자기조절 훈련을 한다.

10. 상대 말의 내용을 확인한 후 내 말을 한다.

FC를 높이는 방법

FC가 낮으면 인생이 즐겁지 못하다. 유머도 적고 생활의 활력소도 FC가 높은 사람에 비해 떨어진다. 반면, FC가 너무 높은 사람은 즉흥적이고 재미만을 좇는 사람으로 비추어지며, 장기적인 안목이 부족해 보인다. 적당한 FC를 가지고 있다면 즐겁게 일하고 삶도 아름답게 가꿀 수 있다. FC가 떨어지는 사람은 다음과 같은 행동으로 높일 수 있다.

1. 생각이 떠오르면 곧 행동에 옮긴다.
2. 자질구레한 일에 구애받지 않는다.
3. 낙관적으로 생각하고 행동한다.
4. 자신의 생각을 적극적으로 피력한다.
5. 자신의 태도, 감정을 그대로 나타낸다.
6. 코미디를 보고 유행하는 농담을 해 본다.
7. 등산, 수집, 감상 등 취미활동을 적극적으로 한다.
8. 즐거운 공상을 통해 좋은 기분에 빠진다.

9. 사물에 대해 강한 호기심을 갖는다.

10. 최선을 다할 수 있는 일을 갖는다.

AC를 높이는 방법

AC는 높이에 따라 독립적인 사람인지 의존적인 사람인지를 가리는 자아 척도다. AC가 너무 높으면 의존적인 사람이고, 너무 낮으면 독립적인 사람이다. 너무 독립적인 사람은 팀워크가 떨어지며 함께 일을 하려는 속성이 적다. 물론 독립심이 있고 효율적으로 일하는 좋은 면도 있다.

AC가 높으면 너무 의존적이고, 의존적인 사람은 환경에 순종적으로 행동한다. 따라서 보기에는 착하고 좋은 사람처럼 보이지만 그것이 전부가 아니다. AC가 6점 이하라면 고집쟁이라는 말을 듣는다. 성형수술 대상자다. 반면 22 이상이면 좋은 평을 들을지언정 나중에 분명 문제가 발생할 수 있으니 반드시 마음 성형을 권한다. 다음에 해당되는 말이나 행동으로 AC를 높일 수 있다.

1. 내심 불만이 있더라도 즉각 표현하지 않는다.

2. 집단이나 타인이 정한 사양에 따른다.

3. 상대가 어떻게 느끼는지 확인한다.

4. 주위를 생각하고 상대의 안색을 살핀다.

5. 부정, 거부하는 말을 한 번 더 생각한다.

6. 상대 얘기를 잘 듣고 맞장구를 친다.

7. 스스로 겸손하고 상대를 추켜세운다.

8. 세부적인 일까지 신경을 쓰고 배려한다.

9. 자신의 기분, 감정을 조절, 억제한다.

10. 분란을 일으키는 일을 주도하지 않는다.

위와 같이 마음 성형 방법에 대해 알아보았다. 마음 성형을 해야 하는 이유는 자아상태가 극단적으로 흐르면 타인과의 관계가 힘들기 때문이다. 자아상태가 너무 높거나 낮으면 성격이 극단적으로 흐르기 쉽고 개성이 강하게 나타난다. 어떤 사람이든 강한 성격은 타인과 어울림에 있어서 문제가 되며, 평소에는 문제가 되지 않더라도 이슈가 발생했을 때는 성격과 에너지가 강하게 나타나기 때문에 주변인이 힘들어 한다. 따라서 자신의 자아상태를 진단하고 어떤 자아가 강하거나 약한지를 파악한 후 마음 성형을 권한다. 마음 성형의 집도는 상담가나 멘토가 도울 수 있지만 혼자서도 가능하다.

마음을 성형하는 방법, 즉 자아상태를 활성화하는 훈련은 하루 이틀로 되는 것은 아니다. 적어도 일정한 기간의 훈련이 필요하다. 일정한 기간이란 자신이 살아온 시간에 비례한다. 따라서 어린아이라면 자아상태를 금세 바꿀 수 있다. 청소년도 가치관이 완전히 정립되었다고 보기 어렵기에 그리 많은 시간은 들지 않는다. 문제는 성인이 된 사람들이다. 성인들은 어느 정도 살아오면서 나름의 가치관, 세계관, 인생관을 가지고 있기에 쉽게 바뀌지 않는다. 50세가 넘고 내성적인 사람이라면 더욱 그렇다.

하지만 분명한 것은 사람의 성격은 바뀐다. 다만 아직 바뀔 마음이 없고 절실하지 않기 때문이다. 연예인들이 꾸준히 운동하고 좋은 음식을 챙겨 먹는 이유는 지금의 상태를 유지하기 위해서다. 조금만 나이가 들어 보여도 다른 연예인으로 대체될지 모른다는 불안감과 절실함으로 스스로를 관리한다.

Assertive 하게 행동하라

마음 성형 1단계를 마치고 나면 활성화된 자아를 활용해야 한다. 자아가 활성화가 되지 못한 상태에서는 자신의 의지대로 행동하고 싶어도 행동하지 못한다. 하지만 마음 성형 1단계가 끝났다면 자아가 활성화된 상태다. 따라서 자신의 의지대로 얼마든지 움직일 수 있다.

과거 좋아하는 연인 앞에서 고백하지 못했던 사람이 있었다고 하자. 그는 활성화되지 못한 FC로 인해 자신의 감정을 표현하지 못했다. 너무나 강한 CP로 인해 고백하는 즉시 결혼해야 한다는 강박에 눌려 있었을 수도 있다('손만 잡아도 결혼해야 해'라는 강박에 쌓인 태도 등으로 인해). 하지만 이제는 자아가 활성화되고 감정 통제가 가능해졌다. 자신은 높은 CP를 조절하여 낮추었고(강박에서 벗어나고), 낮은 FC를 활성화(표현을 자유롭게 하는 태도의 활성화)했기 때문에 내가 자아를 통제할 수 있다. 따라서 상황에 맞는 적당한 분위기를 연출할 수 있고, 자신 있게 속마음을 털어놓을 수 있다.

외부의 자극에 대한 일반적인 반응은 3가지다.

첫째는 외부 자극에 대하여 공격적으로 대응한다.

둘째는 순종적으로 대응한다.

마지막은 Assertive 하게 반응한다.

공격적인 사람의 두드러진 특징은 사실과 의견을 구분하지 못한다는 것이다. 공격적으로 대응하는 경우를 보자. 만약 회사의 김 대리가 지각을 했다고 치자. 그 모습을 보고 이 팀장은 한마디한다.

"어이 김 대리, 자네 이번 달 들어 벌써 3번째 지각이야. 이 사람아, 왜 이렇게 게을러?"

여기서 김 대리가 3번 지각한 것은 사실이다. 하지만 게으르다는 말은 이 팀장의 의견이다. 김 대리는 3번 지각을 했지만, 평소 업무를 펑크 낸 적도 없고 일처리 방식이 꼼꼼하며 매우 계획적으로 거래처를 관리할 수 있다. 이런 김 대리에게 게으르다고 말하는 것은 객관적인 사실이 아니라 이 팀장의 의견일 뿐이다. 공격적인 사람의 특징은 이런 사실과 의견을 구분하지 못한다. 그냥 자신의 감정을 드러내기에 급급하다.

공격적인 사람의 또 다른 특징은 타인의 말이나 행동에 대해 위협적인 행동을 하거나 멸시한다. 공격적인 사람은 타인보다 자기의 감정과 기준이 우선이다. 사람은 상대가 공격적인 발언을 했다고 하더라도 잠시 생각할 수 있는 틈을 가질 수 있다. 그리고 상대가 공격적 발언을 하면 설명이나 증거를 요구할 수 있다. 잘못된 것임이 명백하면 사과를 요구할 수도 있다. 그러나 공격적인 사람은 그보다 먼저 정신적 육체적으로 위협을 가한다. 심한 말이나 욕설, 소송 등으로 대처한다. 오해가 생기면 설명보다는 상대방을 디스카운트(상대의 지식이나 능력을 평가절하함)를 하여 멸시하고 업신여긴다.

공격적인 사람은 단정적인 표현을 자주 사용한다. 한 가지 결과만으로 평가를 해버리고, 자신만이 전지적 시점을 가진 사람처럼 행동한다. 그들이 자주 사용하는 말은, '반드시' '항상' '나만이 아는 사실인데' '언제나' '절대로' 등을 사용한다.

공격적인 사람의 가장 큰 특징은 상대방에게 책임을 전가하는 버릇이다. 자신이 잘못했거나 쌍방의 과실이 있어도 상대에게 원인이 있었다며 탓을 한다. 예를 들어 운전하다 서로의 잘못으로 접촉사고가 발생했을 때도 먼저 큰소리를 지르며 상황을 지배한다. 상대가 머뭇거리거나 말하지 못하는 틈이라도 생기면 즉시 상대에게 책임을 전가한다. 책임을 전가하는 모습은 정치인들에게서 흔하게 나타난다.

순종적인 사람은 변명이 많다.

이들은 주변인들의 비협조성, 시기적인 문제점, 날씨의 영향 등 환경적인 요인을 핑계로 삼는다. 이들은 일이 잘못되면 어떻게 변명할지를 먼저 생각하며 시작하는 경향도 있다. 강하게 반발하는 경향은 아니지만, 자잘한 핑계가 많다. 그러면서 대화 도중에 연결형 언어를 과다하게 사용한다. '음~' '그런데' '뿐만 아니라' '꼭 그래야만 하는 것은 아니지만' '아무래도 여러 가지 면에서 생각해 보면' '누가 봐도 그럴 것이라는 생각을 한 결과' 등등 짧거나 명료한 언어와는 거리가 멀다. 그러면 상대에게 "당신이 하고 싶은 말이 무엇이냐. 도대체 이해할 수가 없다. 도통 알아들을 수가 없다."라는 반응을 자주 보게 된다. 연결형 언어를 많이 사용하여 동정을 유발하고 상대방에서 공격하는 기회를 줌으로써 상대를 나쁜 사람으로 만들려는 치밀한 계획이다. 이런 치밀한 계획은 사전에 세운 것은 아니지만, 자신도 모르게 과거 부모님이나 자라면서 무의식적으로 체득된 결과다.

순종적인 사람들은 자기비하를 자주 한다. 앞에서 순종은 공격이라는 말을 했듯이, 도저히 이길 수 없는 게임이라고 판단하면 자신을 먼저 평가절하시킨다. 자기비하를 통해 더욱 공격하도록 만들거나, 상대 또는 제 3자가 안타까움을 유발하도록 만든다. 그리고 한정적 표현, 즉 '이를테면' '오로지' '~만' '특히' 등을 자주 사용한다.

그렇다면, 공격적이거나 순종적이지 않으려면 어떻게 말하고 행동해야 할까?

정답은 'Assertive 하게' 말하고 행동하는 것이다. Assertive 하다는 말은 요약하면 간단하다. 먼저 Assertive 한 사람은 사실과 의견을 분리해서 말한다. '나'라는 말을 사용하며 그것이 주관적 생각인지 객관적 자료인지를 분리할 줄 알기에 타인에게 혼돈을 주지 않는다. Assertive한 사람은 문제해결형 사람으로 문제의 원인을 어디서 찾아야 하는지, 대안을 어떻게 만들어야 하는지를 알고 접근한다. 이미 발생된 문제라면 많은 대안을 찾는 일보다, 그 원인이 무엇인지를 알고 근원적 원인 제거에 앞장선다. 원인을 알 수 없는 문제거나 예측하기 어려운 문제라면, 우선 대안들을 만들고 우선순위를 정하여 차분히 계획을 세운다. 그래서 Assertive 한 사람들은 자기의 입장만을 주장하기보다는 개방적인 질문을 통해 다양한 문제를 정리하고 점검한다. 그리고 멸시, 위협, 단정, 한정적 표현을 하지 않는다.

앞에서 '넝쿨째 굴러온 당신'이라는 드라마에서 아들 귀남이 말하고 행동한 것이 Assertive 한 사람의 표본이다.

도금된 사람은 자신이 금이라고 외친다

자존감이 낮은 사람들은 끼리끼리 어울리는 특성이 있다.

삶의 패러다임을 패-승(I'm Not OK, You're OK)으로 살아온 사람들은 승-패(I'm OK, You're Not OK)로 살아가는 사람을 부러워한다. 자신의 부족한 능력, 예를 들면 남 앞에서 자신 있게 말하지 못할 때, 자기 감정을 표현하지 못할 때, 상대가 머뭇거리거나 결정하지 못할 때, 주도적으로 이끌며 결정해 주는 사람이 부럽고 고맙다. 이런 부족한 부분을 메꿔주는 승-패의 인간형을 잘 따른다. 그들이 가끔 자신을 무시하는 모습도 하나의 관심이라고 착각하고 그에게 끌린다. 낮은 자존감을 가진 패-승형의 사람은 본인이 원하는 것이 있어도 표현하지 못하고 숨죽인 채

고뇌하고 있을 때, 역시 자존감이 낮은 승-패형의 사람이 관심을 주면서 강하게 리딩하는 모습이 좋기만 하다.

승-패형의 사람은 과거 승-승형(I'm OK, You're OK)의 사람이나 승-패형의 사람에게 통하지 않던 행동이 패-승형 사람에게 통하는 모습을 경험한다. 또한 패-승의 패러다임을 가진 사람은 역시 패-승형이나 패-패형(I'm Not OK, You're Not OK)의 사람들에게 느낄 수 없었던 모습을 경험하면서 묘한 전기적 흐름을 느낀다. 그런 경험을 통해 두 사람은 서로 잘 통한다고 생각한다. 그리고 궁합이 잘 맞는 것이라고 착각을 한다. 승-패형은 자신의 말을 잘 들어주는 패-승형에게, 패-승형은 자신을 잘 이끌어 주는 승-패형에게 빠져든다. 두 사람은 더욱 가까워지고 친밀해진다. 그리고 2~3년이 지나 쾌락적응(아무리 기쁜 일이 생겨도 점차 그 기쁨에 적응이 되어 나중에는 그다지 기쁘게 느끼지 못하는 현상)이 되면 제정신으로 돌아온다. 그 후 서로는 서로에게 피로감을 느낀다. 승-패형은 진전은 없고 오직 그 자리만 고수하려는 패-승형이 지루하다. 패-승형은 갑자기 변해버린 승-패형의 사람이 밉고, 과거 자신의 부족한 모습을 메꿔주던 모습이 본인의 결핍 동기를 메우려는 방법이었음을 깨닫게 되면서 승-패형이 죽도록 싫어진다.

그리고 가정에서 채워지지 못한 자존감을 얻으려 친구들을 만난다. 그냥 친구를 만나는 것이 아니라, 결핍된 감정의 요소 (자존감)를 메우기 위해 자랑하기 위해서다. 쇼핑 또한 결핍을 물 건이나 소유욕으로 채우려 하기 때문이다. 듣고 있던 친구나 상 대도 자랑을 시작한다. 자랑거리는 주로 가방, 옷, 자동차, 비싼 집 등 가지고 있는 물건이나 소유한 것들이다. 자랑거리 중에 실적이나 성과가 있다면, 자신이 직접 이룬 것도 아니다. 아이 들의 성적, 자녀의 직업, 남편의 수입 등이 그것이다. 절대 자기 의 현재 모습과는 무관하다. 그나마 자랑하는 친구는 금전적 여 유가 있다. 금전적 여유가 없는 사람은 참고 참았다가 집에 돌 아와 남편에게 화풀이한다. 이렇듯 그렇고 그런 친구들끼리의 모임은 되풀이된다.

동일한 공간 안에서 자존감이 높은 사람의 행동은 다르다. 순 금은 절대 자신이 금이라고 자랑하지 않는다. 누가 보아도 금이 니까 자랑할 이유가 없다. 도금된 사람만이 본인은 금이라고 자 랑한다. 혹시 도금이 들킬까봐 걱정하는 마음에 먼저 선수를 친 다. 하지만 승-승의 패러다임을 가진 사람에게 들키고 만다. 그 리고 굳이 자존감이 낮은 친구들처럼 집에 돌아와 남편에게 바 가지를 긁지 않는다. 이미 승-승의 마음은 순금이기에 그럴 필 요성을 느끼지 못한다.

재결단도 마음 성형이다

OK, OK 마인드로 성형하기

어릴 적 아이는 본능에 충실하게 행동하도록 설계되어 있다. 즉, 배고프거나 졸리거나 몸이 불편하면 울음으로 기본적인 욕구를 표현한다. 부모는 아이의 마음을 파악하느라 바쁘다. 배가 고픈 것 같으며 우유를 주고, 졸린 것 같으면 안아서 재운다. 그리고 기저귀에 볼일을 봐서 불편한 것 같으면 재빨리 기저귀를 갈아 준다. 이런 엄마의 돌봄은 아이의 편안함을 이끌고 긍정적 충족감을 준다. 긍정적 충족감은 아이에게 세상에 대한 믿음을 싹트게 만든다.

그런데 부모가 아이의 욕구를 잘 파악하지 못했다고 가정하자. 기저귀를 갈아 달라는 욕구를 읽지 못하고 자꾸 우유만을 입에 넣어 준다면 불편하기 그지없다. 배가 고파 울었는데 우유는 주지 않고 자꾸 안아주면서 다독이며 재우려고만 한다면 아이는 속만 탈 것이다.

어릴 때부터 부모로부터 충족감을 얻지 못하고 자란 아이들은 세상에 대한 믿음이 없다. 그리고 그들의 무의식 속에는 세상에 대한 부정적 감정과 냉대함을 간직하고 살아간다. 이런 감정은 청소년기를 거쳐 성인이 되어도 계속 무의식 속에 남아 있다. 그리고 비슷한 상황이 재현되면 과거의 부정적 감정과 냉대한 마음을 끌어올린다. 그리고 그때의 감정과 태도를 누군가에게 전달하며 살아있음을 재확인하려 한다. 자신의 존재감을 확인하려는 행동이다.

인간은 만 6세를 전후하여 인생의 태도가 정해진다. 이를 유아 결단이라고 하는데, 주요 내용은 세상을 어떻게 살아갈지에 대한 태도다.

첫 번째는 나도 OK, 너도 OK라는 태도로 제 1태도(승-승)라 한다. 승-승의 태도는 가장 이상적인 태도이며 부모로부터 긍정적 자극을 지속적으로 받았던 아이에게 나타난다. 부모와의 긍정적 경험은 오랫동안 형성, 강화되어 승-승이라는 바람직한 태도를 형성한다. 이런 태도는 자신의 욕구 분출에 대해 외부(주로 부모)로부터 긍정적인 반응을 경험하면서 외부 세상은 믿을 수 있고 내 표현에 적극적으로 반응해주는 아름다운 세상으로 인식한다. 따라서 승-승의 태도를 지닌 아이들은 자신감이 넘치고 자기의 생각이나 마음을 명확하게 표현할 줄 안다. 그리고 주변 사람들을 긍정적으로 인식하고 믿고 따른다.

두 번째는 나는 Not OK, 너는 OK라는 제 2태도(패-승)다. 아이들은 부모에게 여러 가지 욕구를 주문한다. 부모는 아이의 모든 요구를 받아주고 싶지만, 항상 아이에게 만족감을 줄 수는 없다. 맞벌이 부부라서 그럴 수 있고, 동생이 태어나면서 반응의 절반을 낚아채 갈 수도 있기 때문이다. 가정 형편이 어려워 그랬을 수도 있고, 불안정한 가정에서 태어나 충분한 사랑을 받지 못했을 수도 있다. 이런 불만족의 경험은 아이의 마음에 축적된다. 그리고 세상은 자기 생각대로 되지 않는다는 것을 느끼고 자신의 문제로 귀착시킨다. 이로 인해 자신의 존재감은 떨어지고 그다지 영향력 있는 인물이 아니라고 인식하게 된다. 결국 자신은 Not OK라는 태도를 만든다.

세 번째는 나는 OK, 너는 Not OK라는 태도로, 제 3태도(승-패)라 부른다. 처음에는 부모에게서 확실하게 OK라는 감정을 느끼면서 생활했지만, 부모로부터 심한 대우를 경험하게 되고 이것이 지속적이 되면 부모에 대한 믿음이 사라지게 된다. 오로지 자신에게 의지하고 믿을 사람은 자신밖에 없다는 생각을 하게 된다. 그러면서 나는 OK지만, 너는 OK가 아니라는 태도를 지닌다. 이들은 자기방어가 강하고 자기는 항상 옳고 잘못된 것은 상대라고 생각하며 말하며 행동한다. 만일 자기가 잘못했다 해도 상대에게 원인이 있다며 상대를 꾸짖으려 한다. 이들은 자신을 편들어 주는 사람과 가깝게 지내지만, 머지않아 상대는 제 3태도를 지닌 사람을 버리고 만다.

마지막은 나도 Not OK, 너도 Not OK라는 태도로 제 4태도(패-패)다. 육아 기간이 끝날 무렵 아이는 혼자 걸을 수 있다. 그 후 부모는 안아주거나 어루만져 주는 일도 극히 적어진다. 여기저기 걸어 다니며 넘어지기도 하고 위험에 빠질 때도 있다. 쇠젓가락을 전기 콘센트에 집어넣으려 하고, 위험한 물건을 먹으려다가 혼이 나기도 한다. 어느 날 호기심으로 엄마의 립스틱으로 온 벽지에 낙서도 하고, 비싼 꽃병을 망가뜨려 야단맞기도 한다. 이런 부정적 사건을 연속하여 경험하게 되면 무의식의 기억 속에 축적된다. 한편, 아이는 태어나 몇 년 동안은 모순된 인생을 체험한다. TV 리모콘을 가지고 놀다가 망가뜨렸지만, 엄마에게 혼날까 두려워 거짓말을 했다. 엄마는 솔직히 말하면 화를 내지 않겠다고 해서 솔직하게 말했다. 그날은 혼이 나지 않았지만, 그 후로 솔직하게 고백할 때마다 혼이 난다. 그래서 입을 다물기로 했다. 이번에는 말을 안했다고 혼이 났다.

아이는 이런 체험의 강도가 강하면 강할수록, 차이가 크면 클수록 자신도 주변의 사람들도 위험한 존재라는 것을 깨닫는다. 그리고 자신은 버림받았다고 하는 감정이 온몸에 남아 마침내 나도 Not OK, 너도 Not OK라는 최악의 제 4태도를 갖게 된다. 이들은 사회생활을 하며 업무에 대해 실패만 거듭할 뿐 아니라 직업을 바꿔도 진보는 없다. 타인과의 관계도 좋아지지 않으며 희망도 없다. 다만 어둠 속에서 목표도 없이 여생을 보내는 인생으로 전락한다. 태어나 따스한 손길이나 인정을 받지 못한 채 엄격하게 자랐거나 부모의 양육 태도가 한쪽에 치우친 방향으로 흘러 이런 태도를 형성하기도 한다. 이러한 인생 태도를 지닌 사람은 심리게임에 들어가면 희생자 역할을 하게 된다.

어느 학교에서 일어난 일이다. 초등학교 2학년인 영희와 도형이는 어릴 적부터 친구다. 유치원도 같이 다녔고 엄마끼리도 친한 사이다. 어느 날 같은 반 친구 몇몇이 다문화 가정 친구인 소영이를 놀리고 있다. 피부와 머리색이 다르다는 이유다. 소영이는 몇몇 친구들의 행동이 거칠다는 것을 알기 때문에 차라리 참는 것이 낫다고 판단했다. 이런 상황을 지켜보던 영희는 소영이를 괴롭히는 친구들에게 외친다.

"너희들 그런 행동 멈춰, 외모가 다르다는 이유로 괴롭히는 것은 옳지 않아."

남자인 도형이도 친구들의 행동이 나쁘다는 것을 알고 있었지만, 친구들의 보복이 두려워 한마디도 할 수가 없었다. 하지만 영희는 과감히 소영이를 위해 친구들의 행동을 제지하려 노력했다. 영희도 그 친구들이 두려웠을 것이다. 지켜보던 도형이는 용기 있게 소영이를 도와준 영희가 대단해 보인다.

용기란 위험한 상황이나 어려움을 직면했을 때 본능적으로 느끼는 두려움을 조절하는 감정이다. 내가 다칠 수 있는 상황에서도 전진할 수 있도록 밀어주는 힘이다. 이런 용기는 OK-OK와 같은 태도와 높은 자존감에서 온다. 높은 자존감을 가진 영희는 친구들에게 소영이를 괴롭히지 말 것을 당당하게 주문했다. 반면 도형이는 자신에게는 Not OK, 타인에게는 OK라는 제 2태도를 취하고 있다. 낮은 자존감이 원인이다. 제 1태도를 제외하고는 전부 자존감이 낮은 사람들이다.

사람은 각각 4개의 태도를 어느 정도씩 가지고 있다. 제 1태도를 가진 사람도 2, 3, 4태도가 어느 정도씩 가지고 있다는 얘기다. 다만 평소 어떤 태도를 기본적 태도로 있는가가 중요하고, 스트레스나 불안 등이 엄습하면, 어떤 태도로 응하는가에 따라 2차 태도를 결정한다. 어떤 이는 제 2태도를 기본으로 가지고 살아가지만, 기분이 좋거나 행복감을 느끼면 제 1태도를 2차 태도로 사용한다.

재결단은 근원적 마음 성형이다

만 6세쯤이 되면 인생결단(유아결단)을 하게 되고, 청소년기나 성인이 되어 재결단을 할 수 있다고 하였다. 재결단은 교류분석이라는 학문의 형태주의 개념과 기술을 결합하여 나왔다. 재결단은 어린 시절 초기장면을 재연하는 방식으로 재경험하는 것을 말한다. 다시 말하면 인생 초반에 내린 결정을 수정하고 변화된 삶으로 나아가려는 해결방법이다.

예를 들어, 타인과 고통스런 감정을 해결하기 위해 상대에게도 해를 가하고 나도 자해하려는 태도를 가질 수 있다. 이는 Not OK-Not OK라는 태도에서 비롯하여 소위 '나 죽고 너 죽자'라는 문제해결 방법이다. 생애 초기인 어린 시절에 내려진 이 태도가 결코 현명한 방법이라고 말할 수 없다. 아이는 생활하면서 초기의 결정 과정을 재경험하고, '나 죽고 너 죽자'라는 해결책이 좋은 방법이 아니라는 깨달음을 얻는다. 그런 생각과 충동은 제거하는 것이 좋겠다는 것을 느낀다. 그것은 배움을 통해서 느낄 수도 있고, 사람들과의 직접, 간접적 경험을 통해 얻는 값진 경험이다.

재결단은 생애 초기에 형성된 인생각본을 인식하고 이것이 일상생활에 미치는 부정적 결과를 알아차림으로써 인생을 변화시키는 것을 말한다. 재결단이라고 표현한 마음 성형은 청소년의 사회불안 감소와 생애 목표증진에 효과가 있고, 부부관계 향상에도 도움이 된 것으로 확인되었다. 이렇듯 재결단은 자살, 대인갈등, 부부갈등, 사회불안 등 부정적 사고에서 벗어나 자율성을 회복할 수 있는 매우 강력한 마음 성형방법이라는 것을 알 수 있다.

안 되는 사람은 안 된다

마음 성형에 부정적인 생각을 지닌 사람이 있다. 첫 번째 사례로 "그냥 생긴 대로 살 테니 내버려 두라."는 사람이다. I'm OK, You're Not OK라는 삶의 태도를 지닌 사람 중에 자신을 과도하게 긍정적으로 보는 사람이다. 이들은 정말 어쩔 수 없다. 자신의 자아에 관심도 없고 관계 개선의 필요성도 못 느낀다. 이들은 화산으로 말하면 활화산이다. 이미 폭발 운동을 시작했지만, 본인은 전혀 느끼지 못한다. 이런 부류는 대체로 감성 지능이 극히 떨어지고 공감 능력도 제로에 가깝다.

이들은 현재를 수용하지 않는다. 내가 알고 있는 것만이 상식이고 내가 모르는 영역은 비상식이라고 생각한다. 이들은 성격이나 심리 진단을 하고도 자신의 마음에 들지 않으면 진단지를 의심한다. 오직 자신만이 지구의 가장 중심에 있다고 생각한다.

자신밖에 없는 이들은 운전할 때 가장 잘 나타난다. 이들은 본인의 운전 속도가 안전운전의 척도다. 타인이 과속하면 정신 나간 사람으로 간주하고 느리게 운전하면 답답하다고 말한다. 자신이 갑자기 빠르게 운전하는 것은 답답한 도로를 뚫어주려는 고귀한 행동이다. 자신이 느리게 운전하는 것은 안전사고방지를 위한 행동이다. 그러다가도 느리게 운전하는 사람이 있으면 차 뒤에 바짝 붙이며 비키라고 압박한다. 행여 내 앞을 가로막는 사람이 생기면 비상 깜빡이를 마구 켜댄다. 이들 앞에서는 공통의 기준은 무시된다. 오직 자신만 존재한다.

두 번째 유형은 현재를 수용은 하지만 마음 성형에는 노력을 기울이지 않는 사람이다. 이들도 아직 변화의 필요성을 느끼지 못한 사람들이다. 이들은 I'm Not OK, You're OK가 극도로 기울어져 지나치게 타인 위주로 살아간다. 자신의 자아상태나 삶의 태도가 문제가 있다는 것은 알고 있지만, 주변 사람들의 덕분으로 아직 문제가 발생하지 않은 상태다. 화산으로 말하면 휴화산이다. 잠깐 쉬고 있을 뿐, 언제 터질지 모른다. 이들은 자율성을 회복할 의욕도 동기도 없다. 아니, 사실은 의욕과 동기가 없는 것이 아니다. 더 솔직히 말하면 현재 자신의 문제를 들춰내는 자체가 창피한 사람이다. 그래서 그대로 숨기고 산다.

시간이 흐르면서 이 두 유형의 사람들 주변에 변화가 일어난다. 가장 먼저 친구가 줄어든다. 단절이 오고 외로움이 수반된다. 친한 동료의 조언도 듣지 않았기에 관계가 좋아질 리가 없다. 그나마 친구라는 이름으로 만나기는 하지만 불편함만 줄 뿐이다. 이들을 상대하려면 피로도가 증가하고 감정의 소모도 늘어난다. 처음에는 친구들이 줄어든다는 것을 느끼지 못한다. 소리 없이 감소하기 때문이다. 소리 없는 친구의 감소는 깜빡이 없이 갑자기 들이대는 대형 트럭처럼 무섭다.

최근 UCLA 심리학과 나오미 아이젠버그 교수와 연구팀은 외로움 및 마음의 상처를 다루는 뇌 부위가 신체적 고통을 다루는 뇌의 부위가 동일하다는 연구결과를 발표했다. 좋은 친구들과 긍정적 거리감을 유지하려면 마음 성형을 해야 한다. 물론 마음 성형은 자기 선택이다. 누구도 마음 성형을 강요하지 않는다. 압박하지도 않는다. 당장 필요성도 느끼지 못할 수 있다. 하지만 점점 줄어드는 친구와 주변인을 보라. 타인들의 감정 소모를 관찰하라. 그들의 감정을 깨닫지 못하고 있다면 위험하다는 것도 인지하라. 그러면 자연스럽게 나의 마음을 들여다보게 된다.

⑩
멍청하거나 자존감이 낮거나

고등학교 다닐 때의 일이다. A가 수학시험 문제집을 풀다가 막혔나 보다. 고민 끝에 해답을 보았지만, 해답은 이상해 보였다. A는 공부를 잘하는 다른 친구들에게 물어보았으나 모르겠다는 대답뿐이었다. A는 그 문제를 들고 B에게 다가갔다. A는 B가 자기보다 공부를 못한다고 생각했으며, 그에게 묻는 것도 자존심도 상했다. B는 문제를 친절히 풀어주었다.

문제는 A의 반응이었다. B의 문제 푸는 모습을 지켜보고 열심히 들었다. 그리고 해답지는 그렇지 않다는 말도 했다. 그러자 B는 시험 문제집의 해답과 풀이 과정이 잘못된 것이라는 것도 알려 주었다. 하지만 A는 그를 신뢰하지 않았다. 열심히 풀어 주고 설명한 B의 해답을 믿지 못한다는 표정이었다. 그리고 이렇게 말했다.

"나는 네가 설명한 내용보다, 수학 전문가인 시험문제 출제자를 더 믿어."

멍청한 사람의 특징은 사실을 보여줘도 믿지 않는다는 점이다. 자신의 사고나 판단만이 최고라고 생각한다. A는 멍청한 사람이다. 만약 A가 자존심이 상해 그렇게 말을 했다면, 자존감이 낮은 사람이다. 또 하나의 사례가 있다.

지인과 저녁을 먹을 때 일이다. 지인은 같은 업계의 사람이라며 H대표를 소개했다. 그는 나와 연배는 비슷하고 진지한 눈빛에 호감가는 얼굴이었다. 우리는 즐거운 대화를 이어갔다.

그러다가 경기 악화의 원인 이야기를 나누다 기름값 이야기가 나오고, 정유사 이야기를 나누던 중 정유사에 강의 갔다가 들은 이야기라며, 정유사들은 효율성을 위해 서로 근처의 다른 기름을 사용하기도 한다는 말을 꺼냈다. 그 말을 들은 H대표는 말도 안 되는 소리라며 내 말을 믿지 않았다. 그리고 만약 그 말이 사실이라면 그들이 사용하는 각각의 브랜드는 어찌되냐며 내게 따졌다. 나는 믿기 어렵겠지만 사실이 그렇다고 재차 친절히 설명했다. 이제는 정유사를 모독하는 말을 한다며 발끈까지 했다. 마침 함께 있던 지인이 아는 형님이 주유소를 경영하고 있으니 전화로 알아보겠다고 했다. 5분 정도의 통화가 끝나고 지인이 말했다. 정유사들은 편리성과 효율성을 위해 A사 주유소에서 B사의 기름을 가져다 쓰기도 하고, 반대로 하기도 한다고 했다. 내 말이 증명된 셈이다. 하지만 H대표는 역시 믿지 않았고, 이제는 흥분하기 시작했다. 자신이 잘못 알고 있다는 사실의 깨달음보다 상대보다 지식이 짧았다는 것에 대한 분노처럼 보였다. 중요한 점은 그는 끝내 그 사실을 인정하지 않았다. 앞의 두 사람에게 분노만 표출했을 뿐이다.

다시 말하지만, 멍청하고 어리석은 사람은 분명한 사실이 드러나도 인정하지 않는다. 오히려 자신이 몰랐다는 점에 몰두하고 사실을 받아들이지 않는다. 어리석은 사람의 삶을 대신 살아줄 수 없기에, 알려 줘도 받아들이지 않기에, 불쌍하기도 하고 측은하기도 하다.

마음 성형 2단계
– 심리게임에서의 해방

솔직하지 않은 사람들

마음 성형 1단계가 자아상태를 활성화하고 긍정적 승-승의 태도를 갖는 것이라고 한다면, 마음 성형의 2단계는 자신의 행동을 돌아보고 교정하는 일이다. 자신의 행동을 제 3자의 입장에서 바라보며 조금 더 민감하게 받아들이는 일이다. 사람들의 다수가 옳다고 판단하는 가치나 미덕도 한번 의심해 보고 생각해 보는 일이다. 다음의 사례는 우리가 긍정적으로 평가하는 것에 대해 뒤돌아보고 행동 수정을 가져올 수 있는 내용이다.

누군가를 배려하는 것은 좋은 미덕이라고 알고 있다. 더구나 노인을 공경하고 장애인을 위해 돕는 일은 모범이 되는 행동이라고 칭찬하고 SNS에도 올린다. 좋은 일은 널리 퍼뜨려 사회에 자리 잡기를 원하는 마음일 것이다.

하지만 배려는 사회적 원칙을 깨는 일이다. 버스를 기다리다가 지팡이를 짚고 오시는 할머니를 발견했다고 하자. 할머니를 본 누군가가 얼른 자신의 앞에 할머니를 세웠다. 버스는 도착했고 무사히 할머니는 버스를 탔다. 자리를 양보한 사람도 탔다. 그런데 누군가는 할머니가 먼저 버스에 타는 바람에 밀려 다음 버스를 타야 했고 결국 회사에 지각했다. 누군가의 양보는 누군가에게 해를 끼쳤다. 누군가의 배려나 양보는 먼저 온 사람이 먼저 버스에 오를 수 있다는 무언의 원칙을 깼다. 이런 일이 잦으면 줄을 설 필요가 없어진다.

하얀 거짓말에 숨겨진 감정

솔직함은 좋은 미덕이다. 부모의 대부분은 자녀에게 정직하고 솔직하라 주문한다. 부모는 정직을 가르치기 위해 아이들이 거짓말을 하면 처벌하였고, 처벌이 무서운 아이들은 정직하려 노력하였다. 그런데 자라면서 솔직함이 항상 좋지만은 않다는 것을 깨닫는다. 솔직하게 말하면 그로 인한 응징이 따른다는 것을 알면서부터다. 정직하지 않으면 혼난다고 배웠는데, 정직한 행동이 오히려 응징을 불러온다니. 혼란과 갈등을 느낄 만하다.

정직하게 말할까, 아니면 거짓말을 할까? 거짓말을 해도 문제가 되지 않는다면, 그때는 언제일까? 그 결과 선한 거짓말은 해도 무방하다는 결론을 내린다. 선한 거짓말이란 남에게 피해를 주지 않거나 도움을 주는 거짓말이다. 이것을 영어로는 하얀 거짓말(white lie)이라고 한다.

심리학적으로 하얀 거짓말에는 숨겨진 감정이 있다. 만약 다니고 있는 회사의 직장 상사가 "이번에 내가 제시한 의견은 어떤가요? 기발하지 않아요?"라는 질문을 했다고 가정하자. 상사의 아이디어에 대한 나의 속마음은 솔직히 그다지 특별하지 않다. 그 의견을 수용한다고 해도 우리에게 일어나는 변화는 없어 보인다.

이런 마음을 상사에게 솔직하게 표현하는 사람은 몇 명이나 될까? 대부분은 다음과 같이 거짓말을 하고 만다.

"정말 훌륭한 아이디어입니다. 저는 전혀 생각하지 못했어요."

보통은 이렇게 말하며 거짓 속에 자신을 묻어 버린다.

거짓말을 하게 되면 대부분 양심의 가책을 받는다. '나는 거짓말쟁이가 되었어. 내가 왜 솔직하지 못했을까?' 이런 고민을 거듭하다가, '만약 내가 거짓말을 하지 않았으면 상사는 감정이 상했을지 몰라. 나는 상사의 마음을 알고 그의 기분을 나쁘지 않게 만들었을 뿐이야. 그렇다고 내가 큰 죄를 지은 것도 아니고, 오직 상대의 기분에 충실했을 뿐이야.'라고 위로한다. 나의 거짓말은 선한 거짓말이고, 따라서 나에게는 책임이 없다고 합리화시켜 버린다. 상사의 지위가 높을수록 숨기는 감정의 깊이는 더하다. 결국 거짓말은 상사의 기분을 좋게 만들었고 좋은 관계를 유지하게 만드는 역할을 했다.

우리가 솔직하지 못한 이유는 심리학적으로 다음과 같은 세 가지 때문이다.

첫째, 상대는 진실을 이해할 만큼 충분히 똑똑하지 않기 때문에.
둘째, 상대는 그것을 이해할 만큼 충분히 성숙하지 못하기 때문에.
셋째, 나의 솔직함은 상대에게 기분 좋은 일이 아니기 때문이다.

여기에서 우리는 치명적인 숨은 감정을 발견할 수 있다. 첫째는 내 기준으로 상대의 역량이나 지식을 깎아내렸다. 둘째도 내 기준으로 상대의 성숙도, 또는 품성을 깎아내렸다. 셋째도 상대의 감정을 고려한다고 말하지만, 상대의 감정이 다치게 되면 그로 인해 내 감정에 상처가 날까봐 감정을 속이고 거짓말을 했다. 결국 자기 감정을 위해 솔직하지 못했다. 솔직하지 못한 행동이 배려심에서 출발했다고 하지만, 결국 자신을 위한 행동이다. 나의 기분을 망치지 않기 위한 선택이었다.

우리는 나이가 들면서 어른이 된다고 말한다. 어린이에게는 성숙하다는 표현을 사용하지는 않는다. 지식도 경험도 아직 미숙하여 판단력이 떨어지기 때문에 잘못도 용서하려 한다. 어른이 된다는 것은 나이를 먹으면서 진실해지는 것이다. 진실함이란 나 자신은 물론 상대에 대한 태도를 포함한다. 어른들의 삶이란, 상호간 진실을 들을 수 있어야 하고, 그러기 위해서는 진실을 말할 의무가 있다. 진실한 교류만이 상대를 어른으로 존중하는 길이며, 나 자신에게도 어른으로 존중이라는 면류관을 수여하는 길이다.

솔직해야 진짜 어른이 된다

"너한테만 하는 말인데"

우리는 대화를 나누다가 "너한테만 하는 말인데~"라는 말을 들을 때가 있다. 다른 사람에게는 공개하지 않고, 너에게만 한다는 말이다. 둘만의 비밀은 서로의 관계를 두텁게 만드는 효과가 있다. 그래서 연인 간에는 둘만의 비밀의 대화를 나눈 뒤 깊이 발전하기도 한다. 조직이나 공동체 안에서, "너한테만 하는 이야기인데" 또는 "다른 사람에게는 절대 이야기하지 마" 이렇게 말을 시작하는 관계는 친밀하다는 것을 의미한다. 서로에게 거짓이 없기에 당신에게는 공유하더라도 뒤탈이 없을 것이라는 믿음이다.

"내가 너를 진심으로 믿어서 너한테만 하는 말인데…."

이런 말을 들으면 상대에 대해 강한 믿음이 생긴다. 다른 사람에게는 비밀이지만 당신에게는 비밀이 없다고 말함으로써 좋은 관계를 맺자는 의도가 담겨 있다. 나에게 솔직한 사람, 나에게 진심인 사람이라고 인식하게 되면 마음을 열게 되고 서로의 관계를 두텁게 만든다. 솔직한 말이 자신에 관한 이야기일 경우가 그렇다. 오로지 자신에 한정된 갈등이나 내용이라면 문제가 없다.

하지만 타인과 관련 있는 갈등이라면 문제가 다르다. 상대는 나에게만 하는 말이라며, 누군가의 흠을 잡으면서 나의 솔직한 의견을 구한다. 상대가 솔직한 마음을 털어놓으니 나도 솔직하게 반응하는 것이 예의라고 판단한다. 그래서 속마음을 터놓는다. 하지만 얼마 후 나의 진심이 낭패를 가져온다. 나에게만 하는 비밀이라며 의견을 구한 사람의 이간질 때문이다.

"너한테만 하는 이야기인데"라는 말을 들었을 때, 우리는 조심할 필요가 있다.

첫째, 상대가 거짓말을 하고 있을 경우다. 거짓말을 통해서 그가 나쁜 사람이라는 것을 나에게 각인시키고자 한다. 그 사람을 부정적인 존재로 인식시키기 위함이며, 상대적으로 자신은 좋은 사람이라는 것을 알리고 싶은 심리다. 약한 자존감으로 인해 홀로 대응하기 힘들다 보니 누군가와 유대감을 형성함으로써 힘을 키우거나 위로받기 위함이다. 나에게 다가와 준 것 자체는 고맙지만, 거짓말로 다가온 것은 절대 고마운 것이 아니다. 혼자 구덩이에 빠지기 싫은 마음이다.

둘째, 자신의 괴로운 상황을 전하며 추측만 하는 경우다. 어디에도 사실은 없고 추측만 할 뿐이다. 어떤 경우는 본인이 말하고자 하는 바를 내 입을 통해 나오도록 강제하는 경우다.

"그가 나에게 냉대하는 이유는 이것 때문은 아닐까요?"

"그 사람이 나를 이렇게 생각하는 것은 아닌가요?"

이런 말로 유혹하여 상대에게 지지를 받기도 하며, 내가 처음부터 추측한 장본인으로 왜곡시키기도 한다.

이런 경우는 차라리 말을 안 하는 것이 낫다. 말을 하더라고 질문을 해야 한다. '상대의 의견을 어떤지, 그렇게 말한 것이 생각인지 사실인지, 어떻게 하는 것이 자신의 마음이 편하지' 등으로 대화를 할 필요가 있다. 그렇지 않으면 이런 대화는 배경만 설명하다가 끝이 나거나 온갖 추측으로 시간만 흐른다. 그리고 찜찜한 감정 상태로 집에 돌아가야 한다.

"아무한테도 말하지 마."

우리는 아는 사람끼리 친하다는 이유로 정보를 주고받는다. 하지만 주고받는 정보가 서로의 관계에 득이 되기도 하고 독이 되기도 한다. 생활의 편리함이나 가성비 좋은 제품을 살 수 있는 사이트를 알려주는 등의 유용한 정보는 득이 된다. 하지만 좋은 정보처럼 보여도 어떤 정보는 독이 될 수 있다. 나에게만 들려주는 정보라서 대단히 유용하게 생각했는데, 사실은 내가 낚였다는 것을 나중에 아는 경우다. 예를 들면, "나는 김진혁을 좋아해. 그런데 이 사실을 김진혁에게 말하지 마."라고 하는 말은 김진혁에게 전해 달라는 말처럼 들린다.

이것은 말의 내용이 긍정적이어서 다행이다. 그런데 "얼마 전 김범죄 씨는 이런 나쁜 행동을 했어. 이 말은 절대 아무한테도 말하지 마." 이렇게 폭로하면서, "김진혁 씨, 김범죄 씨의 이런 행동은 어떻게 생각해? 이건 나쁜 행동 아냐?"라고 나의 의견을 물으면 최악이다. 나는 조만간 공범자가 되어 있다. 솔직하지 못한 사람들이 만든 덫에 갇힌 것이다.

말의 출처만을 확인하려는 사람

상대의 행동이 거슬려 조언을 주고 싶지만 조언하지 못하는 경우가 있다. 예를 들어 모임 때마다 자기주장이 강하고 타인의 말을 경청하지 않는 사람이 있다고 하자. 식사 장소나 계획을 세울 때도 본인이 이미 정해놓은 시간표와 장소대로 움직이려 한다. 다른 사람이 의견을 제시하면 자신도 생각해 보았다고 하면서 듣는듯하나 결국 본인의 입장대로 관철시킨다. 그런 행동이 그를 부정적인 사람으로 만들고 있다. 옆 사람이 눈치를 줘도 알아채지 못하고 있다. 이를 보는 사람들은 안타깝기 그지없다.

누군가가 참다못해 조언하기로 작정한다. 개인적으로 만나 이야기를 나눈다. 상대의 기분을 파악하며 조심스럽게 이야기를 꺼낸다. 하지만 상대의 시선은 싸늘하다. 싸늘함이 나에 대한 감정 때문은 아니라는 것을 안다. 도대체 누가 그런 말을 했는지에 출처에만 관심이 있다. 다수가 했다고 말하자니 충격이 클 것 같아, 한두 명에게 들었다고 둘러댄다. 그 한두 명이 누구냐고 집중적으로 질문한다. 혹시 누구누구 아니냐며 거리를 좁혀간다. 그는 행동을 고치려는 마음보다 말의 근원지 찾기에 급급하다. 이런 사람에게 조언은 안 하느니만 못하다. 오히려 조언을 해 주고 뺨을 맞을 수 있다.

"너한테만 하는 이야기인데" "내가 말했다고 말하지 마." 이런 말로 시작을 하는 사람의 이야기는 우선 조심해서 들을 필요가 있다. 듣고 나서 자신이 대신해서 전달하면 관계가 위험해진다. 차라리 그 상황에서 "네가 직접 이야기를 전달하는 것은 어때?" 라는 말로 숨겨진 의도를 차단하는 편이 관계에 도움이 된다.

말의 출처만을 확인하려는 사람은 조언해 줄 가치가 없다. 부탁받지 못한 사람에 대한 조언은 오히려 독이 되어 돌아오기 때문이다.

주변에서 일어나는 전형적인 심리게임

위와 같이 자기의 감정에 솔직하지 못한 사람들과 대화를 나누다가 확실하게 알아차렸다면 다행이다. 대처가 가능하기 때문이다. 하지만 나도 모르게 빠져들어 감정이 소모되고 기분은 유쾌하지 못했다면 심리게임에 빠진 것이다. 우리 주변에서 일어나는 전형적인 일대일 심리게임에 대해 알아보자.

마음 성형의 2단계의 핵심은 심리게임에서 벗어나는 일이다.

심리게임은 우리가 대화를 나눌 때, 처음에는 의도하지 않았지만, 나도 모르게 비슷한 패턴으로 빠져들며 나중에 기분이 나쁘고 찜찜한 마음 상태로 남는 것을 말한다. 이는 누군가가 조종하려는 의도에서 시작이 되었으며, 한 사람은 승자가 되고 한 사람은 패자로 남는다. 중요한 것은 이것이 반복된다는 사실이다.

한국에 배우나 연예인 중에 완벽한 미인이라고 칭하는 사람들이 있다. 김희선, 김태희, 전지현 등이라고 하자. 그들은 어디 하나 손을 댈 곳이 없는 완벽한 미인이다.

마음에도 완벽한 미인이 존재할까? 분명히 있다. 그것은 자아가 온전히 활성화되어 얼마든지 자신의 자율성을 회복한 상태를 말한다. 그리고 자신의 태도가 공격적이지도 순종적이지도 않은 상태로 살아가는 것이다. 이런 태도를 지니게 되면 심리게임도 하지 않는다.

하지만 인간관계에서 갈등을 일으키는 주범인 심리게임은 일상생활에 버젓하게 일어나고 있으며 우리가 알지 못하는 사이에 관계를 헝클어 놓고 도망간다. 심리게임은 객관적이고 건설적인 비판이 아니다. 공격적이고 소모적이며 비생산적인 대화다. 이 때문에 심리게임을 하는 사람은 상대에게 위협적이거나 무시하는 단어 또는 문장을 사용한다. 의사소통이 건설적이고 합리적인 방향으로 가는 것이 아니라, 엉뚱한 방향으로 간다. 그리고 심리게임은 언어로만 나타나는 것은 아니다. 비언어적인 소통 방식, 즉 무시하는 태도 상대를 깎아내리려는 표정 등으로 시작되거나 잘못된 심리 추측으로 일어나기도 한다. 언어든 비언어든 소통의 과정이 비합리적이고, 개인의 감정이 많이 개입된다.

다음은 우리나라에서 나타나는 가장 대표적인 심리게임이다.

Yes, but 게임

아들: 엄마, 갑자기 원룸 주인이 나가라고 해요. 갈 곳도 찾기 힘든데 어찌해야 할지 몰라요.

엄마: 그래 무슨 이유인지는 모르고? 월세를 더 올려 달라고 해?

아들: 모르겠어요. 그냥 나가라고 하네요(침울해 보이는 모습이다).

엄마: 그럼 근처 부동산에 같이 알아보자.

아들: 그건 곤란해요. 그 정도의 월세는 찾기 힘들거든요.

엄마: 돈이야 아빠랑 내가 도와주면 되잖니?

아들: 고맙긴 하지만, 내 나이에 아직도 부모님에게 의존한다는 것이 싫어서요.

엄마: 그럼, 다시 집으로 들어와서 사는 것은 어떠니?

아들: 고맙긴 하지만, 집으로 돌아가면 남들 시선 때문에 싫어
요. 통근 거리도 문제구요.

위 사례를 보면, 아들은 전형적인 Yes, but 게임을 하고 있다.
아들은 고맙다고 말을 하고 있지만, 결국 엄마는 나에게 도움이
되는 존재가 아니라는 것을 되풀이하고 있다. 명확하게 무엇이
필요한지 말하지도 않고(이면 교류를 하면서: 말하는 내용과 전하려
는 뜻이 다르게 전개하는 대화방식), 분개를 한다. 아들은 애초부터
엄마가 도움이 안 된다는 것을 알았다. 그리고 뚜껑을 열어보니
정말 소용없다는 것을 확신한다.

이런 경우가 여러 번 있었다면, 엄마에게는 좌절감도 생겼을
것이다. 엄마는 아들에게 도움이 되어주지 못한다는 생각이 지
배적일 것이며, 대화를 나누고 나면 어딘지 모르게 찜찜하고 기
분이 개운치 못하다. 엄마는 '이렇게 해 보면 어떠니?(Why don't
you?)' 게임을 했고, 아들은 Yes, but 게임을 했다. 아들은 희생
자가 되었다가 다시 박해자로 변했으며, 엄마는 구원자 게임을
한 것이다.

아들은 전형적인 I'm OK, You're Not OK의 생활 태도를 가
지고 있는 것을 짐작할 수 있다.

엄마가 "내가 도움이 되지 못하니 미안한 감정이 드네." 하면서 좋게 마무리하거나, "그럼 내가 도움이 될 만한 것이 생각나면 그때 다시 요청해."라고 말하면서 끝이 났다면, 적어도 엄마는 심리게임에 말려들지 않는다.

하지만, "도대체 어쩌라구? 도와 달라고 말할 때는 어쩌고, 도와주려고 말을 하니 하는 말마다 안 된다고 하구? 넌 인마, 그러니까 안 되는 거야!" 하면서 마무리를 지었다면, 엄마도 '이번에 딱 걸렸어(I've got you, son of bitch).' 게임을 한 것이다. 이렇게 엄마가 갑자기 박해자로 변할 수도 있다.

이번에 딱 걸렸어(I've got you, SOB)

엄마: 문제 푸는 거 아직 안 끝났어?

딸: 네. 엄마, 잠깐만요.

엄마: 아직도 안 끝났니?

딸: 네. 엄마. 자꾸 말 시키지 마세요. 집중이 안 돼요.

엄마: 그러니까 제때 숙제를 하지, 오전에는 펑펑 놀다가 외식하러 나간다고 하니까 이제야 숙제를 붙들고 난리야?

딸: ….

엄마: (쌀쌀맞게) 이리와 봐, 내가 봐 줄 테니.

딸: (열심히 문제를 풀지만, 자꾸 답이 틀린다)

엄마: 뭐야~ 자꾸 틀리잖아. 이거 답이 왜 이거니?

딸: 엄마가 옆에서 자꾸 쳐다보니까 집중이 안 되고 틀리잖아.

엄마: 아니 네가 집중하지 못한 것 가지고 왜 나에게 핑계야? 어디서 배운 버르장머리야? 이런 일이 오늘 하루뿐이니? 전에도 그전에도 도저히 못 참겠어. 오늘 외식 없어. 숙제도 제대로 하지 못하는 주제에 무슨 외식은 외식이야.

'이번에 딱 걸렸어' 게임도 I'm OK, You're not OK의 생활태도를 가진 사람이 하는 심리게임이다. 엄마는 이런 일이 생길 줄 알았다면, 딸에게 오후에 외식을 나갈 테니 미리 숙제를 마치라고 해야 한다. 그리고 과거 이런 일이 되풀이되었다면, 사전에 숙제를 도와주면서 시간을 충분히 줬어야 한다. 그런데 '너 걸리기만 해 봐라~, 이번에 걸리면 절대 용서 못 해.'라는 감정이 깔린 상태에서 묵묵히 지켜보고 있었고, 급기야 딸의 행동에 대해 엄마는 화를 정당화할 수 있는 계기가 되었다.

엄마의 심중을 자세히 들여다 보면, 엄마는 딸에 대한 악감정이 있다. 그것을 다른 방향으로 해소하거나 표현하지 못했을 가능성이 크다. 언젠가 혼을 내주겠다고 작정했던 엄마에게 이번

딸의 행동은 엄마에게는 감정을 폭발시킬 방아쇠가 된 것이다.

네 탓이야 게임

친구에게 전화가 왔다. 갑자기 1,000만 원을 꿔달라고 한다. 이유를 물으니 이유는 묻지 않았으면 좋겠다고 한다. 갑자기 1,000만 원을 만든 방법도 없거니와 있더라도 이유라도 알아야 아내에게 설득할 텐데, 방법이 없다. 아무리 비상금을 털어도 100만 원에, 이것저것 만들어도 겨우 200만 원밖에 안 될 것 같다. 친구에게 연락하여 200만 원밖에 안 될 것 같다고 말하자, 친구는 500만 원도 안 되느냐고 다시 묻는다. 나는 현재 가진 돈도 없고, 1,000만 원 정도면 아내에게 말하고 설득해야 하는데 이유도 모른 채로 말하기가 어렵다고 했다. 그런대로 200만 원을 입금하였다.

그리고 얼마의 시간이 지났다. 친구들과 정기모임 날이 왔다. 돈을 빌려 갔던 친구가 늦게 오니 걱정을 한다. 대화를 나누던 중 다른 친구들도 그 친구에게 돈을 빌려주었다는 사실을 알게 된다. 그러나 친구들이 모아 준 돈은 그에게는 역부족이었고, 문제는 심각하게 돌아간 것이 분명했다.

이윽고 2~3시간이 지나 친구가 도착했다. 어디선지 미리 술을 마신 것 같다. 그리고 우리에게 다가와 이곳에는 진정한 친구가 한 놈도 없다고 말한다. 그리고 사업이 잘 풀리지 않는 것은 모두 친구들 탓이라고 말한다. 미리 친구들이 그 돈을 마련해 줬으면 지금 같은 일을 벌어지지 않았을 것이라면서 말이다.

네 탓이야 게임은 I'm OK, Yor're not OK의 태도를 지닌 사람이 주로 하며 서로의 관계가 상대 때문에 헝클어졌다고 책임을 전가시키는 게임이다. 따라서 자신은 항상 옳고 다른 사람은 문제가 있다고 판단한다. 내가 하면 로맨스 남이 하면 불륜이라는 말처럼 자신이 잘못한 행동은 어쩔 수 없는 상황이었고, 타인이 그런 행동을 한 것은 그 사람의 성격 때문이라고 말한다.

Kick Me(나를 차 버려) 게임

A는 초등학교 남녀 동창모임 단톡방에서 보기에 거슬리는 사진을 자꾸 올린다. 다른 초등학교 모임의 사진도 올리고 중학교 단톡방의 친구들 사진도 올린다. 사진은 추억을 간직하기에 좋다. 그래서 편하게 찍은 사진이라면 언제든 환영이다. 하지만

친구들이 술을 마시고 눈살을 찌푸릴 만한 행동의 장면이나 남녀 간에 오해를 줄 수 있는 사진은 곤란하다. 최근 B는 술을 마시던 도중에 초등학교 짝꿍이었던, 여자 C에게 안주를 집어 주었다. A는 그 모습을 영상으로 담았고, 단톡방에 올렸다. D는 이 영상을 내려받아 B의 아내 E에게 전달하였다. B의 아내 E는 그 영상을 보게 되었고, 부부싸움도 일어났다. B는 A에게 남의 영상이나 사진을 함부로 올리지 말라고 부탁한다. 이 사건을 계기로 A와 B는 말다툼이 일어났다. A는 장난으로 한 걸 가지고 너무 예민하게 군다며 B를 다그쳤다. 참다못한 B는 단체방에서 나갔다. 하지만 A는 B를 단체방에 불렀고, 나가면 다시 부르고를 반복하였다. 그리고 나서 다시는 하지 않겠다고 약속을 다짐받고 B는 단톡방에서 나가지 않았다. 하지만 A의 행동은 멈추지 않았다. 다만 상대가 바뀌었을 뿐이다.

상담 중 내담자가 Kick Me 게임을 하면 상담가는 스트레스를 받는다.

처음에는 상담이 순조롭게 진행된다. 상담가는 내담자를 지지해 주고 열심히 경청한다. 내담자의 실력이나 역량도 인정해 준다. 그 결과 내담자의 문제가 거의 해결될 것이라는 희망을 갖는다.

하지만 내담자는 문제해결을 하지 못한다. 이것을 직시한 상담가는 다시 열정을 불사르며, 내담자의 고통을 공감해 주고, 지지하며 다양한 팁도 제공한다. 하지만 그는 문제를 수용하지도, 문제를 정의하지도, 대안을 제시하지 못한다. 문제를 수용, 정의, 대안 제시를 요구하면 말을 빙빙 돌린다. 이로 인해 상담가는 지쳐간다. 상담가는 생각한다. 내 실력이 모자란 것은 아닐까? 그와 대화를 하는 사이 자존감도 떨어진다.

스스로 문제를 정의하라고 하면 A를 이야기하고, A를 해결하는 방법으로 B를 말하다가, 결론은 엉뚱한 C로 내린다. 그런 내담자의 모습에 지쳐, 상담가는 다시 근본적인 문제가 문제의 정의를 요구한다. 이번에는 그는 D가 문제라고 강조한다. 그러다가 갸우뚱하는 상담가를 보고는 다시 C를 말하고, B를 말한다. 이때 상담가는 마치 술취한 사람과 대화를 나누는 듯한 느낌을 받는다. 기운이 빠지고 화가 난다. 내담자의 문제점을 지적하고 싶은 마음이 극에 달한다. 하지만 지적하지 않는다. 마음을 가다듬어 끝까지 경청한다.

지긋지긋하게 꼬리에 꼬리를 물고 이어지는 이 대화는 서로를 지치게 한다. 이 게임의 결론은 아주 간단하다. 내담자는 '너도 별수 없는 상담가군, 공감하는 척하며 일시적인 안정을 주는 듯하지만, 역시 내 문제를 해결해 줄 사람은 없어.'라고 판단한다. 그러면서 나도 문제가 없는 것은 아니지만, 당신도 문제가 수두룩한 사람이다. 라고 판단하고 위안을 얻는다. 내담자는 이런 방식으로 위안을 얻으려 하지만, 근본적인 해결책을 얻은 것은 아니다. 만약 주변 사람이 조언한 경우라면, '나와 내 주변 사람들은 별 볼 일 없는 사람들뿐이야.' 하면서 자신의 Not OK 감정을 확인한다.

만약 상담가자 내담자의 문제점을 지적한다면 어떨까? 역시 내담자는 수용하지 않는다. 자꾸 다른 쪽으로 빙빙 돌린다. 그러면서 핑계 요소를 찾는다. 그러다가 핑계대는 요소까지 지적받는 날에는, '당신은 상담가가 아니군요. 공감해 주지 않는 당신은 상담가라고 말할 수 없어요.' 라고 단정한다. 그러면서 수렁에 빠진 자신을 확인하고 Not OK 감정을 확인한다.

Kick Me 게임은 I'm Not OK, You're OK라는 생활 태도에서 일어난다.

그는 어릴 적 불우한 환경이나 관심받지 못한 상태에서 자라났을 확률이 크다. 그는 타인들의 관심을 끌기 위해 여러 가지로 노력했을 것이다. 하지만, 긍정적인 노력으로 관심을 끄는데 실패한 그는 못난 행동을 해서라도 관심을 끌어야 했다. 나쁜 행동, 못된 말이라도 하게 되면, 긍정적인 반응은 없어도 부정적 반응이라도 얻을 수 있기 때문이다. Kick Me 게임의 결말은 좋지 못하다. 타인에게 신뢰를 잃고 가까운 사람으로부터 버림을 받는다. 남들 보기에 안타깝지만 본인이 자초한 일이다.

Kick Me 게임을 하는 사람을 보면 평소 지극히 정상적이다. 대화도 잘 통하는 것 같고, 문제의 심각성도 잘 아는 것처럼 보인다. B가 A에게 행동에 문제가 있다고 지적을 하면 바로 인정을 한다. 그런 모습 때문에 A는 문제가 없는 것처럼 보이고, 공개적으로 몰아세운 B가 심했다는 평을 듣기도 한다. 사실 A는 상대에게 해를 끼칠 마음은 없었다. 본인의 정신적 위기나 관심을 받는 것이 주목적이다. 그 때문에 더욱 안타깝기 그지없다. 하지만 어쩌랴. 지속적인 피해를 받는 것은 주변인이고 함께 있는 사람들이다. 이 게임을 계속하게 되면 결혼한 사람은 두 번이고 세 번이고 이혼을 맛보게 되고 친한 주변인에게서 멀어진다.

바보 게임

팀원: 팀장님, 저는 아무래도 글렀나 봐요. 정말 능력 없는 놈 같습니다.

팀장: 아니야, 그렇지 않아.

팀원: 아닙니다. 저는 바보입니다.

팀장: 그렇지 않다니까. 자네는 바보가 아니야. 이번에 했던 일도 열심히 잘했어.

팀원: 제가 한 부분은 일부이고 팀장님이 대부분 도와주셨잖아요.

팀장: 그래. 정리야 내가 한 것이지만, 아이디어는 대체로 자네 덕분이 아닌가?

팀원: 듣기 좋으라고 하시는 말씀이시죠? 그런 위로의 말은 필요 없습니다.

팀장: 듣기 좋으라고 하는 말 아니야.

팀원: 아무리 생각해도 빈말 같습니다. 저는 형편없는 놈입니다.

팀장: 그게 아니라니깐….

팀원: 아닙니다. 아무리 생각해도 전….

팀장: 아니라니까 몇 번 말해야 알아들어? 이 바보 같은 친구야!

이 게임을 연출하는 사람은 자신이 I'm Not OK라는 무의식을 그대로 드러내고 있다. 처음부터 드러내는 것이 아니라 점점 시간이 지날수록 "넌 바보야."라고 상대가 말할 수밖에 없는 상황을 만들어 가서 최후에는 그것을 실현시키고 만다. 이들은 어릴 적 부모님으로부터 "아무것도 하지 마라. 무언가를 하게 되는 날에는 네가 피해자가 된다. 차라리 아무 생각도 안 하는 것이 낫지, 네 생각을 누군가에게 말했다가는 그로 인해 얻는 것은 고통일 뿐이야."라는 무언의 명령을 받았다. 그러고는 스스로 바보인 척하면서 자신의 능력이나 사고능력을 보지 못한다.

나는 어떤 역할을 하며 살아가는가?

심리게임에는 항상 등장하는 3가지의 역할이 있다. 희생자, 박해자, 그리고 구원자 역할이다. 2명이든 3명이든 그 이상이든 반드시 희생자와 박해자가 등장하고, 옵션으로 구원자가 등장한다. 희생자는 희생을 당하는 사람이다. 박해자는 공격하는 주체다. 구원자는 희생을 당하는 사람을 구원하기 위해 나타난 사람을 일컫는다.

희생자는 박해자 때문에 생기는 것만은 아니다. 희생자가 있어서 박해자가 생기기도 한다. 마찬가지로 구원자는 희생자가 있어서 구원하는 것만이 아니라, 구원자 때문에 희생자가 생기기도 한다. 드라마를 보면 희생자와 구원자, 그리고 박해자가 절묘한 조화를 이루어 이야기를 재미있게 엮어가는 것을 볼 수 있다. 그것은 드라마 작가가 이들의 역할을 황금비율로 맞춰 서로 공격하고 희생당하고 구원하는 모습을 구성하였기에 가능한 것이다.

재미있는 드라마를 보면, 박해자 A는 희생자 B에게 온갖 수모를 당한다. 이를 지켜보던 C가 나타나 구원자를 자청한다. 구원자 C는 박해자 A의 정곡을 찌르면서 공격한다. 구원자 C는 희생자 B를 구한 대단한 사람 같지만, 박해자 A를 공격하여 희생자로 만들었다. 즉 구원자 C는 박해자가 된 것이다. 다시 힘의 균형이 깨질 듯하면 그 모습을 지켜보던 원래의 희생자 B는 희생자가 된 A를 구원하기에 이른다. 그러면서 희생자 B는 A의 구원자가 되면서 C를 박해하는 사람이 된다.

이렇듯 심리게임에서는 그들의 역할이 자주 바뀐다. 희생자가 박해자가 되고 박해자가 구원자가 되고 다시 구원자는 희생자가 되기도 한다. 이러한 모습을 보고 카프만은 드라마 삼각형이라고 하였다. 카프만의 드라마 삼각형이 잘 활용된 드라마는 성공확률이 높다. 전형적인 예가 바로 막장 드라마인데, 막장 드라마는 희생자, 박해자, 구원자가 자주 나타나 혼란스럽게 만들고, 갈등이 심하게 일어나 시청자들에게는 재미를 선사

한다. 드라마는 현실과 너무 동떨어진 내용이고 너무나 얽히고
설켜 막장 드라마라는 평가를 받지만, 여전히 시청자들의 관심
을 얻는 데는 성공한다. 그래서 욕하면서도 즐기는 것이 막장
드라마다.

그러면 희생자, 구원자, 박해자는 어떤 사람들이고 어떤 역할
을 하는지 구체적으로 생활 속에서 살펴보자.

희생자로 살아가는 사람

"아~ 진짜 너무해, 도대체 나보고 어떡하라구? 아니, 내가 이
일을 어떻게 하루 만에 다 할 수가 있어? 우리 팀장님 정말 너무
한 것 아냐?"

이렇게 말하는 어느 직원이 있다고 하자. 이 모습을 보고 있
는 팀원 중에는 '팀장님이 저 친구에게 너무 무리하게 일을 시
킨 모양이군.' 하면서 안타깝게 지켜볼 수 있다. 한편에서는 '아
저 친구, 아직 업무가 미숙한 것으로 알고 있는데, 팀장님이 많
은 일을 시킨 모양이군. 아무래도 내 손이 필요한 것 같아.'라고

생각하면서 찾아가 "내가 좀 도와줄까?" 하면서 손을 내민다.

도움이 필요했던 친구는 정말 능력과 시간이 모자라 도움이 필요할 수도 있지만, 자신이 싫어하는 일을 남에게 넘기고자 꾀를 부리는 것일 수도 있다. 만약 자신이 싫거나 하지 못한다고 자신의 능력을 평가절하하여 도움을 요청한 것이라면 희생자로 살아가는 패턴을 지닌 사람이다.

희생자는 스스로 가능성을 인식하지 못하고 실제 능력보다 못하거나 무능하게 만들어 가는 패턴을 가진 사람이다. 그래서 본인이 직설적으로 표현하지 못하고 우회하여 표현하는 특징이 있다.

"그 사람에게 대신 말해 주실래요, 나는 싫다는 말을 못해요."

이렇게 말하는 사람에게는 "나 대신 거절해 주시겠어요?"라는 말의 우회적인 표현이다. 마찬가지로 위의 사례에서 "내 힘으로 도저히 불가능하니 옆에 계신 분들~ 나 좀 도와주세요."라고 외치는 것이다.

누군가 희생자가 던진 미끼를 덥석 물어 "내가 도와줄까?"라는 말로 그의 요청에 응했다. 희생자로 살아가는 사람은 항상 그렇게 살아왔기 때문에 누가 나의 구원자가 될 것인지 눈치로 알고 있다. 그리고 그가 어떻게 말하면 나의 미끼를 문다는 것도 잘 알고 있다. 이들은 자신의 능력을 키우려고 노력하는 대신 왜소하게 만들고, 자꾸 칭얼거리면서 도움, 지원, 관심 등을 얻으려고 한다. 주변에 자신을 도우려는 사람이 없어 보이면 환경마저 조작하여 도움과 지원을 요청한다. 거짓말도 불사한다는 것이다.

이런 희생자들은 자신을 낮게 평가하고 살아가기 때문에 반드시 주변에 구원자를 두고 살아간다. 그런 사람들과 교류하고 그런 사람과 자주 연락하며 지낸다. 힘든 일이 있으면 하소연을 들어 줄 구원자에게 도움을 요청한다. 그런데 문제는 이런 희생자가 항상 희생자로 있는 것이 아니라는 것이다. 희생자로 도움을 요청해 놓고 그 결과가 나쁘거나 마음에 들지 않으면 바로 박해자로 변하는 것이 문제다. 자신은 도움을 요청한 적이 없다고 말하면서 당당하게 구원자를 박해한다.

"당신이 도움을 준다고 해서 하는 수 없이 내가 허락을 한 것이지, 나는 도움을 요청한 적이 없어요. 하려면 제대로 하지. 이렇게 만들 거면 왜 도와준다고 하셨나요?"

이렇게 말하면서 공격이 시작된다. 구원자로 나선 사람은 어이가 없고, 쓸쓸한 맛을 다시며, 다시는 도움을 주지 않겠다고 다짐한다. 희생자는 상황에 순종하는 사람들이다. 순종은 다른 표현으로 공격이라고 말했다. 순종하는 사람은 공격의 여지를 남겨 놓은 사람이다. 희생자가 박해자로 변하는 것이 순식간이듯 순종하는 사람이 공격하는 사람으로 변하는 것도 마찬가지다.

희생자가 처지를 한탄할 때, 직접 요청하지 못하고 칭얼거릴 때, 자꾸 누군가를 공격하면서 자신의 무능력을 평가절하시킬 때는 조심해야 한다. 특히 봉사정신이 투철한 사람들, 마음이 착하다고 소문이 난 사람들, 남의 어려운 처지를 보면 그대로 못 지나치는 사람들, 이 사람들이 바로 희생자가 노리는 희생물이다. 마치 물에 빠진 사람을 구해 놓았더니 보따리 내놓으라고 말하는 사람과 똑같다. "보따리를 찾아 주지 못할 것 같으면 그냥 죽게 내버려 두지, 죽지도 못하고 살지도 못하고, 어쩌려고 구했냐."는 하소연을 들으며 마지못해 자신의 호주머니를 털어야 한다.

이상동과 이상운은 같은 고향 친구다. 초등학교와 중학교를 함께 보냈고 수원에 유학을 와서 고등학교를 다녔다. 학교는 달랐지만 졸업 후 가끔 만나기도 했다. 그 후 이상운은 부산으로 내려가 살았다. 취업도 부산에서 했고 이제는 부산 사람이 다 되었다. 이상동은 업무차 부산에 내려갈 때면 이상운에게 전화를 해 안부도 묻고 같이 소주도 마셨다. 이상운은 평소 말도 많은 것이 흠이라면 흠이다. 그래서 멀리하는 친구도 한둘이 아니다.

일요일 오전 8시에 전화가 왔다. 토요일이라 늦게까지 영화를 보고 늦잠을 자던 이상동은 전화벨 소리에 깜짝 놀라 깼다. 이상운이다. 급한 일이 아니고는 이렇게 이른 시간에 전화할 리가 없다. 정신을 차리고 전화를 받는다. 이상동은 전화를 받으면서 내심 불안하다.

이상운: 친구, 잘 지내나? 어찌 지내는데 전화 한 통화도 없나? 그러고도 친구가?
이상동: 무슨 일이 있는 거 아니지?
이상운: 니는 무슨 일이 있어야만 전화하나?

이상동: 그건 아니지만 일요일 아침부터 전화하니까 무슨 일이 있는지 걱정했다.

한참을 듣고 보니 이상운은 최근 코로나에 걸린 사람과 동선이 겹쳐 격리 중이라는 말을 했다. 아내와 자녀들은 처가로 보냈고 음식은 배달해서 먹으며 혼자 집에서 보낸단다. 이상동은 이상운의 말에 공감해 주었다. 일요일 아침부터 20여 분 넘게 통화하는 것을 지켜보던 이상동의 아내는 아침 먹으라고 부른다. 하지만 이상운은 전화를 끊을 기미가 보이지 않는다. 나름 이상운의 마음을 헤아리면서 끊으려 하면 다시 시작하고, 그러기를 30분을 넘겼다. 그 후 의미 없는 대화를 다시 20분 넘게 하다가 대화거리가 없는지 이렇게 말한다.

이상운: 니는 좋겠다. 코로나 걱정 없어서, 내는 죽을 맛이다. 쥐꼬리만한 월급에 나이는 50이 넘어 눈치나 보고 굽신거리는 내 마음을 아는 놈은 없을 기다.
이상동: 나야말로 코로나 직격탄을 맞았다. 너는 월급이라도 나오지만 나는 월급도 없다.
이상운: 니는 부모님이 물려 주신 재산도 많고, 그동안 저축한 돈도 많지 않냐?

이상동은 생각한다. '아니 이 녀석이 언제 내 호구조사를 했지?'하지만 그 질문은 지레짐작으로 했다는 것을 아는 데는 몇 초도 지나지 않았다. 모든 말은 추측이며, 최대한 길게 이야기를 하고픈 마음에 거짓으로 말한다는 것을 이상동은 깨닫는다. 그나마 친구라는 명목에 전화를 걸어주고 대화를 한 이상동은 차후를 기약하면서 전화를 끊는다. 그날 저녁에 이상운은 다시 이상동에게 전화를 건다. 같은 이유다. 코로나로 인해 너무 힘들다는 말과 우리 같은 서민은 죽는다는 말을 한다. 그리고 너는 좋겠다는 말을 빼먹지 않는다.

다음 날, 이상동은 다른 친구 김종민에게서 전화를 받는다.

"이상운이 이 꼴통 어떡하면 좋으냐? 시도 때도 없이 전화해서 하소연한다."

그리고 말한다. 김종민의 아내는 그 친구를 보면 내 성품을 알 수 있다면서 김종민을 다그친다고 말한단다.

유난히 감성적인 친구(희생자 게임)

유난히 감성적인 친구가 있다. 글을 잘 쓰는 그 친구는 시인이 되었거나, 소설가가 되었으면 하는 생각을 할 때가 있다. 그 친구가 올려주는 글은 과거 우리의 어린 시절을 되뇌도록 하고 잠시나마 추억에 잠기게 만든다. 달콤한 추억은 우리를 기분 좋게 만드는 마력이 있다. 그런데 가끔 거슬리는 면도 있다. 어디선가 보았는지 글이나 영상을 가져온다. 그리고 혼자 비통해한다. 감정이입이 된다. 그리고 걱정을 한다. 친구들 대부분이 이에 공감한다. 그런데 마지막은 항상 비슷하다.

"친구들~ 부모님에게 잘해라."
"친구들~ 남편에게, 아내에게 잘해라."
"친구들~ 꼬박꼬박 어른들께 인사 올려라."
"친구들~ 똑바로 살아라."

친구의 충고를 들어보면 모두가 옳은 이야기이며 정말 그렇게 살아야 할 것 같다. 그런데 왜 그 친구에게 충고를 듣고 나면 마음이 개운하지 않은지 모르겠다면서 다른 친구에게서 별도의 개인 문자가 온다. 마치 자기가 부모인 것처럼 자꾸 충고하고, 명령하는지 모르겠다며 불편함을 호소한다.

이 감성적인 친구는 희생자 게임을 하고 있다. 좋은 글을 올려 마음을 훈훈하게 만들고 있는 것은 훌륭하다. 하지만 마지막에 충고하는 행동은 친구들의 불편함을 끌어내 좋은 않은 소리를 듣는다. 그는 관종소리를 듣게 되고 참다못한 친구와 다툼이 일기도 한다. 결국, 그는 Not OK 감정을 확인하게 되고 개운하지 못한 찜찜함을 벗어나지 못한다.

왜 희생자 게임을 하는가?

사람은 누군가와 경쟁하다 보면 지게 되고 열등감을 가질 수 있다. 열등감은 좋은 것이다. 그로 인해 더욱 발전을 꾀할 수 있기 때문이다. 문제는 열등의식이다. 이런 콤플렉스에 빠진 이들은 노력은 안 하고 다른 방어기제를 통해 해소하려 한다. 그들은 잘나가는 사람을 시기하거나 질투하여 그들의 문제점을 지적하려 한다. 또는 그것만이 전부가 아니라고 역설한다. 마치 돈이 적은 사람이 돈을 어떻게 벌 수 있을까 고민하기보다는, 돈이 세상의 전부가 아니라고 기준을 바꾸거나 돈을 가진 사람들은 그 부를 축적하기 위해 얼마나 나쁜 짓을 했는지를 말하며 그들의 행동을 평가 절하한다.

열등감을 승화시켜 자신을 발전시키지 못하고, 열등감의 원천인 강한 타자를 부정하는 가치관을 끌어들여 자기는 청렴하고 맑게 사는 사람인 것처럼 긍정화하려는 사고체계다. 공부가 처지는 사람은 더 노력해서 극복하면 된다. 그런데 잘하는 사람을 다치게 해서 자신이 1등을 하려는 태도는 근원적으로 맑은 태도는 아니다.

구원자로 사는 사람

자신만이 이 세상의 구세주인 것처럼 살아가는 사람이 있다. 바로 구원자로 살아가는 사람이다. 구원자란 다른 사람의 고민을 해결해 주거나 남에게 어려운 일이 생기면 도와주는 사람이다. 겉으로 보기에는 매우 필요한 사람처럼 보이고, 배려심이 깊으며 고마운 존재로 인식된다. 하지만 심리적으로 재조명하면 이런 구원자들 때문에 힘든 사람이 하나둘이 아니다.

어릴 적 우리 집과 먼 곳에서 사는 외삼촌은 1년에 한 번씩 찾아오시곤 했다. 그때마다 어머니는 외삼촌에게 따뜻한 쌀밥을 지어 주었다. 당시 가난했던 가족의 주식은 보리밥이었다. 하지만 어머니는 오랜만에 찾아온 오빠에게 보리밥을 지어 먹일 수는 없었던 것 같다. 어머니만 알고 있는 뒷곁 쌀독에서 한 움큼

꺼낸 쌀로 밥을 지어 올린다. 하지만 외삼촌은 항상 밥을 절반 이상을 남기곤 했다.

외삼촌도 멀리서 걸어오시느라 많이 시장했을 것이다. 그리고 우리 집이 쌀밥을 먹을 수 있는 넉넉한 형편이 못 된다는 것을 알고 있다. 외삼촌은 멀리서 찾아온 오빠라는 이유로 하얀 쌀밥을 지어 올린 여동생의 마음을 안다.

외삼촌은 당신이 쌀밥을 남기면 남긴 밥은 아이들의 몫이라는 것도 너무나 잘 안다. 역시나 외삼촌은 식사를 하다말고 밥을 남긴다. 그러자 어머니는 더 많이 드시라고 재촉을 하고, 외삼촌은 많이 먹어 배가 부르다고 거짓말을 한다. 눈치가 빠른 어머니는 얼른 숭늉을 퍼서 외삼촌의 밥에 말아 버린다. 그리고 다시 더 드시라고 재촉한다. 물까지 말아 버린 밥을 마지못해 외삼촌은 끝까지 드신다. 정말 가슴 아프면서 아름다운 풍경이다. 지난날 어렵게 살아오신 어머니들의 모습이다.

그리고 시간이 흘렀다. 딸이 결혼해서 가정을 꾸리고 사위는 처가를 찾았다. 사위 사랑은 장모라고 하던가? 어머니는 극진히 음식을 준비한다. 어머니는 사위가 식사하는 모습을 쳐다보시면서, 사위가 젓가락질할 때마다 반찬 그릇을 옮겨주시며 많이 먹으라고 권한다. 시장했던 사위는 맛있게 밥 한 공기를 뚝딱 해치운다. 그러자 어머니는 밥 한 공기를 더 퍼주시며 더 먹으라고 다시 권한다. 사위는 충분한 식사를 했지만, 장모 사랑에 못 이겨 억지로 밥을 먹기 시작한다. 힘들게 두 공기를 먹고 식사를 마치자, 어머니는 다시 반 공기를 퍼주시며, 사양 말고 더 들라며 물까지 말아 준다.

사위에게 첫 번째 공기밥은 정말 맛있는 식사였다. 두 번째 공기는 장모의 사랑이라고 생각하면서 기분 좋게 억지로 넘겼다. 그런데 세 번째 공기밥은 힘이 든다. 밥을 넘기는 시간이 그다지 즐겁지 않다. 고통의 시간이다. 만약 물까지 말아 놓은 밥을 남기기라도 한다면, 장모의 정성을 무시한 사위로 낙인이 찍힐지도 모른다. 그 후로 사위는 처가를 방문할 때면 반드시 소화제를 챙겨야 하고 단단한 각오로 오지 않으면 안 된다.

어머니는 가난에 찌든 삶을 사신 분이다. 못 먹고 못 배운 시절이 한이 맺혀 절대 자손에게 가난은 물려주지 않으려고 열심히 살아왔다. 먹고 싶은 것이 있어도 먹고 싶다는 말을 못하고 살아온 당신이기에, 상대도 그럴 것이라는 마음을 헤아려 선수를 친 것이다. 전형적으로 구원자의 삶을 사시는 분이다. 따뜻한 어머님의 마음은 알지만 사랑받는 사위는 과연 행복할까?

구원자 게임 1

어느 날 김상민은 초등학교 친구 나영희에게 전화를 받는다. 요즘 어떻게 지내냐? 살기는 편하냐? 등등 안부를 묻는다. 그리고 과거 20대 초반에 시골에서 같이 올라와 같은 도시에 살면서 몇 번 만났던 옛이야기를 한다. 모두가 추억이고 기분 좋은 만남이었다며 회상도 한다. 다시 그때로 돌아갔으면 하는 마음도 생긴다. 그러기를 20여 분, 갑자기 신명석이라는 친구를 만난 적이 있느냐고 묻는다. 김상민은 과거 신명석과 같은 동네에 살았기 때문에 군 제대 후 모임을 같이 한 적이 있다. 인원은 대략 15명 정도였으니 적잖은 규모였다. 하지만 그 모임은 해체되었다. 문제는 모일 때마다 신명석과 친한 친구 몇 명은 재미를 이유로 누군가를 곤경에 빠뜨리거나 기분 상하게 만들곤 하는 것이 이유였다. 예를 들면, 한 친구를 웃음거리로 만들거나 과거의 이야기를 꺼내 감정을 상하게 하는 등이 그것이다. 상처를 받은 친구는 몇 번이나 그러지 말라고 말했지만, 돌아오는 것은 오히려 더욱 심한 조롱이었다. 어릴 적 유치한 방법이 20대 중반을 거쳐 30대에도 이어지고 있었다. 이런 문제들로 인해 해체되었다가 재결성되기를 반복하다가 공식적인 모임은 사라졌다. 그리고 친구들은 경조사가 있을 경우만 서로 인사하고 지내는 사이가 되었다.

서로 안부를 묻고 난 후 나영희는 김상민에게 말한다. 신명석이 최근 이혼했으며 힘들게 살고 있다고 전한다. 김상민은 친구의 슬픔에 공감하면서 안타까움을 표현한다. 그러다가 갑자기 나영희는 말한다.

"상민아, 너 명석이랑 잘 좀 지내~. 왜 아직도 못 죽여서 안달이냐? 이래도 한세상 저래도 한세상, 둥글둥글 살아야 하지 않겠냐?"

순간 김상민은 깜짝 놀란다.

"영희야~ 너 명석이한테서 무슨 소리를 들었구나? 무슨 말을 들었길래 나에게 그러냐?"

"아냐, 무슨 말을 듣기는, 나는 그냥 둘 사이가 걱정되어서 하는 소리야."

김상민은 묻는다.

"그럼 아직도 못 죽여서 안달이냐는 말은 무슨 소리냐?"

"아니, 그냥 친하게 지내라고."

"영희야, 나는 최근 10년 동안 명석이를 본 적이 없어. 마지막에 본 것은 명석이 결혼 후 두세 번 봤고, 모임마저 해체되는 바람에 전화통화를 한 적도 없어. 다른 애들도 마찬가지고. 그런데 갑자기 못 죽여 안달이라는 말이 무슨 소리인지 모르겠다. 이유를 설명해 봐라."

"그럼 됐고. 그냥 친구니깐 친하게 지내자는 말이지."

"그럼 됐다니, 무슨 이유가 있어서 전화한 것 아냐?"

"절대 아니라니깐, 그냥 명석이가 이혼했다는 소식 듣고, 여러 모로 걱정도 돼서 말야."

"…."

김상민은 묘한 감정을 느낀다. 나영희가 무슨 꿍꿍이가 있는지 사람 간을 보는 것인지, 명확히 말을 한다면 속 시원히 답을 할 텐데 그냥 잘 지내냐는 안부전화를 했다면서 "못 죽여서 안달이냐?"는 말은 영 개운치 않다. 김상민은 더 이상 캐묻기라도 하면 예민하다고 몰아붙일까 봐 말문을 닫는다.

나영희는 김상민과 신명석 사이에서 구원자의 역할을 했다. 김상민은 나영희에게 구원자의 역할을 해 달라고 한 적이 없다. 나영희 스스로 자발에 의한 것이다. 문제는 자발적 구원자 놀이가 타인에게는 상처로 남기도 한다. 김상민은 누군가와 오해가 있거나 갈등이 생기면 스스로 해결할 수 있는 사람이다. 누군가가 대신해서 해결해 줘야 하는 사람이 아니다. 그리고 신명석도 마찬가지로 멀쩡한 성인이다. 둘 사이에 오해가 발생했다면 김상민과 신명석 스스로가 해결 가능한 사람이다. 굳이 나영희의 구원을 통해 문제해결을 해야 하는 그런 존재는 아니다.

구원자 게임 2

여기 또 한 명의 구원자가 있다. 한상혁은 아는 선배로부터 전화를 받았다. 그 선배는 고등학교, 대학교 1년 선배이며 과거 개운치 않은 앙금도 있는 사람이다. 만난 것은 20년 가까이 되었고, 마지막 통화는 10년 전으로 기억한다. 한상혁은 그 선배가 요즘 힘들게 살아가고 있다는 말을 익히 들었기에 과거의 앙금을 뒤로한 채 반갑게 전화를 받았다. 서로의 안부를 묻고 기분 좋게 과거 대학 시절로 회귀하였다. 선배는 최근 외국에서 과일을 수입하여 파는 일을 한다고 했다. 마침 가족들이 그 과일을 먹고 싶다는 말을 들었기에 한상혁은 두말없이 2박스를 주문하였다. 주소를 알려주고 입금계좌를 받았다. 전화를 마치면 바로 송금하려고 컴퓨터 인터넷뱅킹 창도 열었다.

그런데 갑자기 선배는 자신의 동기인 한승수 선배 이야기를 꺼냈다.

"야~ 너 내 동기 한승수랑 잘 지내냐? 혹시 감정이 있는 것 아냐? 상했다면 어떤 이유로 상한 거야? 조만간 함께 만나서 소주 한잔하고 편하게 지내자."

이런 식으로 이어질 줄 알았다. 하지만 그런 기대와는 정반대였다.

"야, 한상혁이~. 내가 승수한테 이야기 다 들었다. 뭐 그런 것 가지고 따지냐? 너는 왜 그렇게 속이 좁냐? 내가 다 들어서 아는데 그러면 안 되지~. 나이 들어 그럴 필요 있냐?"

입금하려던 한상혁의 머리는 갑자기 이야기 분석모드로 바뀌었다. 한승수 선배에게 무슨 말을 듣고 그런 말을 하는지 궁금해졌다. 그리고 한상혁도 오해가 있다면 풀고 싶었다. 하지만 한상혁이 말을 하려 할 때마다 선배는 말을 가로채며 모든 것을 안다는 식으로 말을 한다. 한상혁은 기가 막혔다. 한상혁은 선배에게 자신의 이야기도 들어 달라고 말했다. 하지만 역시 말을 끊은 채 "너는 그렇게 따지는 것이 더 문제야."라며 다시 한상혁에게 잘못을 돌렸다. 한상혁은 인내심을 가지고 당시의 상황을 알려 줄 마음으로 설명을 하였다. 하지만 이 선배는 자꾸 말을 가로챌 뿐, 한상혁의 말을 듣고 싶은 마음은 없어 보였다. 오직 한상혁의 잘못을 지적하는 것이 목표였던 사람처럼 보였다. 시간이 지날수록 선배는 한상혁에게 가벼운 욕도 하면서 "나는 모든 것을 알고 있다. 좀 마음을 넓게 가져라. 승수가 나쁜 애는 아니잖냐?" 하면서 한상혁을 다그쳤다.

잘 알지도 못하면서 다 알고 있다고 생각하는 것만큼 위험한 것은 없다. 그것이 관계의 문제라면 반드시 누군가의 감정을 상하게 만든다. 알고 있으면서 상대의 감정을 상하게 하는 것도 문제지만, 모르면서 아는 척하며 감정을 상하게 만드는 것은 정말 최악이다.

어디선가 누군가의 무슨 일이 생기면, 번개처럼 찾아와 문제를 해결해 주는 영화 속의 홍반장처럼, 구원자는 좋은 사람이고 꼭 필요한 사람처럼 보인다. 그러나 내면 속에는 이런 생각이 있다.

"너희들은 스스로 그 문제를 해결할 수 없어, 그러니까 내가 나서야만 해."

이런 생각으로 타인들의 자율성을 무시한다. 다시 말해 구원자는 상대방 스스로 해결할 수 없는 사람이라고 낙인을 찍고 자신이 나서야만 가능하다고 판단하는 오지랖 넓은 사람이다. 구원자 게임을 하는 사람은 상대를 희생자로 몰며 상대의 능력을 Discount(깎아내림, 할인) 한다. 구원자의 마음속에는 '나는 모든 것을 해결해 줄 수 있는 능력 있는 사람이고, 너는 나의 구원을 받아야 하는 한낱 희생자에 불과하다'는 마음이 깔려 있다. 구원자 역할을 자주 하는 사람이 근처에 있으면 관계가 힘들어진다. 부모가 구원자 역할을 자주 하면, 자녀는 스스로 결정하기 힘든 결정 장애를 가질 수 있고, 조직 내 상사가 구원자 역할을 자주 하면, 부하는 조직 내에서 역량을 키워나가기 힘들다. 서로 상부상조하려면 적당한 거리에서 응원해 주며 존중하는 자세가 필요하다.

박해자로 살아가는 사람

박해자는 전형적으로 '나는 잘났는데, 세상의 모든 것들은 잘못되었다.'고 생각하며 살아가는 사람이다. 학창 시절 나와 다른 친구를 보면 이유 없이 미워하면서 공격하는 학생들이다. 오랜만에 만난 친구에게 20년 전의 이야기를 꺼내면서 상처나 비웃음을 주는 사람들이다. 구원자들도 박해자처럼 희생자를 왜소하게 만든다. 다만 구원자는 사랑과 호의가 가득한 것 같은 행동으로 희생자를 왜소하게 만드는 반면, 박해자는 희생자를 직접적이고 공격적으로 왜소하게 만든다. 이들이 대화하는 방식은 다음과 같다.

"나는 네가 늦어서 화가 나려고 해."라고 표현할 수 있는 것을, "넌 항상 이런 식이야. 다른 사람들은 전혀 생각하지 않고, 더군다나 불성실하기까지 해."라고 공격하는 스타일이다.

이들의 공격하는 방식은 상대의 행동이 아니라 전체를 평가한다는 것이 특징이다. 그리고 절대개념을 사용한다.

"넌 항상 그 모양이냐? 넌 아무것도 믿을 수 없어."

일부가 아닌 전체나 절대적인 개념을 많이 사용한다. 이들의 주장은 객관성은 찾아볼 수 없다. 호통이나 비꼬는 일, 냉소, 언어적 폭력을 일삼고 상대를 묵살시키는 데 일가견이 있다.

이들은 어릴 적 무언가를 얻고자 할 때 얻지 못하자, 분노를 표출한 후 얻어 낸 경험을 소유하고 있다. 그런 경험이 쌓이고 나니 무슨 일이든 관철시키고자 할 때 이 방법을 사용하다가 표준행동으로 굳어진 것이다.

박해자들은 누군가를 공격하다가 상대가 반응이 없으면 갑자기 희생자로 변하기도 한다. 아동학대로 소문난 계모가 격렬하게 자녀를 못살게 굴다가 통하지 않으니, 엉엉 울면서 억울함을 호소하는 경우다. 자기가 아이들에게 베푼 사랑이 어느 정도인데 잘 해줘봤자 아무 소용없다면서 동네 사람들에게 하소연하는 모습이 바로 그것이다.

6장

마음 성형 3단계 – 자존감 구출

자존감 저하 원인과 잘못된 애착관계

자존감은 유아기와 아동기를 거치면서 어릴 적 부모님으로부터 입력된 뇌 속의 프로그램이다. 자존감(self-esteem)은 자신이 타인으로부터 사랑받을 만한 가치가 있는 사람이라고 느끼는 태도이며, 자신에 대한 긍정적 자아상이다.

사랑이 부족한 가정에서 자란 아이들은 사랑에 굶주려 있을 뿐만 아니라, 모범적 사랑을 본받지 못하는 이중 손해를 본다. 사랑이 부족한 가정에서 자란 아이들은 인생의 중요한 요소로 사랑의 가치를 아주 조금밖에 인정하지 않는다. 그들은 돈을 중요하다고 느끼며, 물질적 소유를 사랑의 대체물로 더욱 중요시한다.

사랑을 과잉으로 받은 경우도 사랑을 받지 못한 경우와 비슷한 결과를 초래한다. 아이가 원하는 대로 다 들어주면서 자란 아이들은 너무 의존적으로 성장하여 성인이 되어서도 유아기 단계 이상의 정서적 성장이 불가능해진다. 여기서 유아기 단계란 누구든지 나를 사랑하는 사람은 내가 원하는 바를 무조건, 즉시 들어주어야 하며, 그렇지 못할 경우는 나를 사랑하지 않는 것으로 생각하는 것을 말한다.

자기사랑은 자신을 있는 그대로 받아들이고, 자신에 대한 긍정적인 태도를 갖는 것을 말한다. 건강한 자기사랑과 자기수용이란 자기 존엄성과 소속감을 갖고 가치 있다고 느끼는 것이다. 있는 그대로 자신을 이해할 줄 알고, 자신임을 좋아할 줄 아는 상태이며, 나는 다른 사람이 되고 싶지 않고 오직 나만이 되고 싶은 현상이다.

유아기에 양질의 사랑을 받으면서 자라 난 아이들은 안정된 애착 관계를 형성하기 때문에, 유치원이나 어린이집에 등원하는 등 부모의 일시적 부재에 대해서도 두려워하지 않는다. 하지만 아침에 유치원에 가지 않겠다고 징징거리는 아이들이 있다면, 부모님들의 애착 관계를 일단 의심해 봐야 한다. 이들은 원치 않은 임신 등으로 부모의 관심이나 친밀한 상호교류를 하지 못하며 자라났을 수 있다. 자라면서 아이가 말을 듣지 않으면 아이 앞에서 사라지거나 사랑을 주지 않겠다고 위협받으며 자랐을 수도 있다. 시장이나 마트에 갔을 때 아이가 떼를 써 한동안 안 보이는 곳으로 숨고 아이를 두렵게 한 일이 잦거나 오랫동안 나타나지 않은 경우다. 이것이 부모에게는 짧은 시간이지만 지속성을 갖게 되면, 아이에게는 엄청난 불안과 충격으로 내재되고 병적인 애착 관계를 만들 수 있다.

부모의 사랑이 일관적이지 못하고 기복이 심할 때도 애착 형성에 문제가 된다. 어떤 날은 좋은 태도로 대했다가 어떤 날은 매몰차게 대하고 눈길을 주지 않는 등, 아이가 어떻게 해야 부모의 사랑을 받는지 명확한 메시지를 주지 못한 결과가 그렇다. 부모 간의 불화가 잦아도 안정된 애착 형성이 힘들다. 맞벌이하는 부모가 낮 동안 어린이집에 맡겼는데 어린이집 교사의 태도가 매우 불성실하거나 아무렇게 대해도 이런 일이 발생한다. 마지막으로 부모의 신경증, 정신병으로 아이와 원활한 소통이나 정서적 교류가 이루어지지 않으면 정서적 애착에 문제가 생긴다.

이렇게 생긴 낮은 자존감은 자아상태를 망가뜨려 일그러진 자아를 만든다. 일그러진 자아는 타인을 신뢰하지 못하며 공격적이거나 순종적인 태도를 지니게 한다. 보통의 질문과 대화에도 뭔가 숨겨진 의도가 있는 것으로 의심하게 되고 그 의심에 자신의 독특한 상상력을 넣어 대인관계에 치명상을 입힌다. 자존감 부족은 타인을 사랑하는 것이 힘들고 사회적으로 확장되면 외부에 대한 믿음이 약하다. 그리고 이런 사람이 성장하여 회사라는 조직에 들어가게 되면 조직 충성도에도 영향을 준다. 자신이 속한 조직에 충성하지 않는 사람들은 낮은 자존감 때문이다.

에리히 프롬은 자만심과 이기심은 자기사랑과 반대의 개념이라고 설명하였다. 이기심은 밑 빠진 항아리와 같다고 표현하면서 이기적인 사람은 자기만 염려하고 만족을 모르며 항상 못 가질까 봐 걱정하는 사람이라고 하였다. 이미 가지고 있더라도 무언가 아쉬워하고 부족함을 느끼는 사람들이라 하였다. 이기심은 자기사랑의 결여다. 자아도취도 이기심과 같이 자기사랑 결여에 대한 하나의 보상행위이며. 그들은 타인을 사랑하지 않을 뿐만 아니라 자기도 사랑하지 않는다. 자만심은 자신의 역량보다 자기 확신이 더 큰 것을 말한다. 역량은 1 정도인데 확신은 2나 3으로 표현하고 자랑을 한다. 이 모든 문제가 자존감의 부족으로 생기는 것들이다. 한편, 역량보다 자기 확신이 덜한 사람들을 가면증후군이라 한다.

자존감이 부족한 사람들

다음은 자존감이 부족한 사람들의 특징이다. 몇 개나 해당이 되는지 자신의 현재 상태를 점검해 보자.

허풍이나 과장을 한다.

허풍은 인정받을 목적으로 자기 가치가 높아진 것처럼 행동하는 것을 말한다. 굳이 필요 없는 돈 자랑, 미모, 학식 자랑은 '나는 지금 사랑, 또는 인정받지 못하고 있어요.'라고 표현하고 있음을 말한다. 유명인과 한두 번 만난 사이임에도 잘 알고 있다고 떠벌리는 행동도 그렇다. 정작 유명인은 잘 모르고 여러 명이 같이 모였을 뿐인데 잘 아는 사이라고 과장하는 것이다.

남을 헐뜯는다.

타인을 꼬집고 비판함으로 자신을 사랑하지 않음을 이겨내려 한다. 전형적인 투사다. 자신의 열등감을 온전히 극복하는 자기 개발 보다는 남의 단점을 헐뜯고 끄집어내어 비판함으로 나를 부각시키려 한다. 하지만 그 근간은 자기사랑의 결여다.

자기합리화를 한다.

어떤 일이 잘못되면, 변명과 합리화를 한다. 이는 현실을 왜곡 하거나, 논리의 왜곡으로 자기 정당화를 하는 것을 말한다.

완벽성을 추구하는 것도 자존감의 결여다.

실수는 누구나 할 수 있다. 각 분야의 전문가라도 실수는 있 다. 하지만 작은 실수라도 하게 되면 체면이나 위신의 타격을 입는 것으로 간주한다. 이들은 완벽을 사랑받을 조건으로 생각 한다.

수줍음도 낮은 자존감이 원인이다.

수줍음은 근본적으로 사랑을 받을 만한 가치가 적다고 생각 하는 것으로 사람에 대한 기본적인 반응은 두려움이다. 실패에 대한 심리적 보호막이다. 한 번도 남과 사귀어 본 적이 없는 모태솔로들을 모아 짝을 찾는 방송 프로그램을 보았다. 각각의 남녀 6명씩 모여있는 모태솔로들은 대부분은 수줍음이 심했다. 짝사랑으로 끝난 사람이 대부분이었고, 혹시나 내 사랑이 들킬까봐 두려운 나머지 심리적인 보호막을 치고 있었다. 그 심리적 보호막이 수줍음이다.

자신을 평가절하한다.

이는 자신을 가련하게 보임으로써 기대를 적게 하려 함이다. 타인들이 비판을 자제시키기 위해 나는 못난 사람이라고 말하며 이로 인해 동정심을 유발한다. 자신을 희생자로 보임으로써 타인들이 격려하게 만들고, 자기 가치의 상승효과를 얻으려 함이다. 나는 못난 사람이라고 보임으로써 타인들이 그렇지 않다는 위로를 받고 싶은 심리이며, 그럼으로써 안정과 존재감을 찾는다.

분노를 표출한다.

분노는 우울감, 불안감을 이기기 위해 타인에게 화를 내는 행위다. 분노의 전 단계는 짜증이다. 짜증을 내는 것은 나는 이제 화낼 준비가 되었다고 미리 알리는 것이다.

방어적 순종이다.

이는 모든 규칙이나 법규에 기계적인 정확성을 가지고 순종하는 것을 말한다. 타인으로부터 인정은 자신의 가치를 결정짓는 척도로 본다.

외톨이가 된다.

남들로부터 거절 또는 제외됨을 방지하는 가장 안전한 방법은 타인들과 가깝게 지내지 않는 것이다. 스스로 혼자 생활하는 사람도 자존감 부족이 원인이다.

과잉성취욕도 자존감의 부족으로부터 출발한 행동이다.

외면적 성취가 내면적 부족을 보상해 줄 것이라 믿고 불필요한 정도로 얻거나 성취하려는 행동이다. 만약에 누군가 자존감이 극히 낮으면서 자기효능감이 높은 사람들이 있다고 치자. 현재 그가 하는 일이 잘되고 있다면 문제가 없다. 하지만 강한 성취욕을 동반하고 부와 명예를 쌓다가 갑자기 힘든 일이 닥치면 극단적인 생각을 할 수도 있다.

절대적으로 좋은 사람들도 자기사랑이 부족한 사람의 슬픈 적응양식이다.

절대적으로 좋은 사람은 타인에게 나쁜 모습이나 해를 끼치지는 않지만, 어느 정도 시간이 지나면 공허한 자신을 발견하게 된다. 뭔가 부족한 모습이나 실수나, 사회적으로 자랑스럽지 못한 모습을 감추기 위해 남들에게 절대적으로 좋은 사람이 되려 한다. 그래서 타인의 인정이나 수용을 얻기 위해 언제, 어떤 문제라도 동의하려 한다. 자기 자신에게는 진실하지 못한 삶이다.

의심과 냉소적 태도도 자존감 저하가 요인이다.

자기 신뢰의 부족에서 타인 신뢰 부족으로 이어진 결과로 전형적인 패-패(Not OK, Not OK)의 패러다임이다.

겁쟁이가 된다.

자기 가치 부족으로 인해 아무것도 시도하지 못한다. 이들은 실패하지 않는 가장 좋은 방법은 시도하지 않는 것이라는 것을 경험적으로 안다.

자존감 구출 작전

자존감은 어릴 적 부모님으로부터 입력된 뇌 속의 프로그램이다. 이 프로그램은 한 번 입력이 되면 수정하기가 곤란하다. 하지만 수정 방법이 전혀 없는 것은 아니다. 부정적 습관을 줄여 행동을 수정할 수 있다. 자존감을 높이는 방법으로는 많은 연구가 있다.

지금까지 작곡 에릭 번, 작사 토마스 해리스, 편곡 및 노래를 부른 김진혁의 상호교류분석에 기초한 방법으로 마음 성형 방법을 제시하였다면, 이제부터는 자존감 저하 해결법을 제시한다.

잘못된 사고의 오류는 아닌가를 생각해 보자

교수는 자주 학생들 앞에 서야 하는 직업이다. 강의할 때 가끔 비스듬히 앉은 학생들을 볼 수 있다. 그런 학생의 모습을 보며 그들이 나를 무시하고 있다고 생각하는 것은 잘못된 사고의 오류 중 하나다. 구체적으로 잘못된 심리 추측이다. 그들은 허리에 문제가 있을 수도 있고, 오랫동안 강의를 듣다 보면 피곤해서 잠시 기우뚱한 모습으로 앉아 있을 수도 있다.

감정적 판단도 잘못된 사고의 오류다. 내 감정이 우울한 이유를 학생들이 나를 무시해서 우울한 것으로 생각하고 결론을 내리는 행위다. 이는 주관적 감정에 치우친 사고의 오류이며, 이로 인해 판단력이 흐려진다. 어떤 상황도 잘 살펴보면 긍정적인 모습이 있다. 수업시간에 모자를 쓴 학생을 보고 건방진 태도로 볼 수도 있지만, 예쁘게 보이고 개성 있고 친근감 있게 보이고 싶은 마음의 표현일 수도 있다.

긍정적인 선택과 부정적 선택은 자신의 선택 결과라는 점을 잊지 말자. 학생들이 집중을 안 하는 이유를 교수 자신의 탓으로만 돌리는 경우도 잘못된 사고의 오류다. 학교 축제, 수업종료 후의 즐거운 만남, 성적 발표 후의 괴로움 등으로 학생들은 집중을 못 할 수도 있다.

이런 사고의 오류는 자존감을 해친다. 내 앞에 일어나는 것들이 잘못된 사고의 오류에서 출발한 것은 아닌지 생각해 보자. 모든 학생들에게 인정을 받는 것은 바람직한 목표는 될 수 있지만, 반드시 필요한 목표는 아니다. 모든 일에 유능해야 하고 성공해야 한다. 모든 일에 완벽성을 갖춰야 한다는 비합리적인 생각이다.

이중 잣대를 가지고 있지 않나 생각해 보자

친한 교수가 교육생들이 집중하지 않는 모습에 울컥하면서 하소연한다면, 우리는 어떤 조언을 하겠는가? 아마도 앞에서 설명한 내용들, 즉 잘못된 심리추측이나 감정적 판단, 부정적 선택 및 완벽성은 비합리적인 행동이라고 열심히 설득할 것이다. 그런데 그런 상담을 신청한 사람이 자신이라면 어떤가? 나에게는 너무 엄격한 잣대를 들이대지는 않는가? 남에게도 적용한 기준을 나에게도 적용할 필요가 있다. 나에게만 적용된 엄격한 기준은 자신의 자존감을 좀먹게 한다. 자존감을 높이는 방법은 자신과 똑같은 객관성과 동정심으로 남을 대하는 것이다.

객관적인 증거가 있는가?

남자친구에게 전화했다. 전화를 받지 않는다. 문자 메시지를 보냈다. 그런데도 연락이 없다. 그 이후 여자는 자신에게 매력이 없는지, 싫증이 나서 피하려는지, 헤어지기 위한 하나의 방법으로 그러는지 걱정하고 있다. 그리고 앞으로 나를 좋아할 남자는 없다고 판단하며 우울해 한다. 하지만 남자친구는 여자친구를 피한 적도 없으며 헤어지자고 한 적도 없다. 매력이 없는 여자라고 말한 적도 전무하다. 여자친구의 이런 생각을 증명할 만한 것은 어디에도 없다. 불안한 마음에 상상한 막연한 추측이나 육감이 증거가 될 수는 없다. 그녀는 감정적 판단, 심리적 추측을 하고 있으며 지레짐작의 과오를 범하고 있다. 지레짐작의 과오는 우울증을 부른다.

다른 해석은 없는가?

만약 여자친구가 기분이 좋은 상태였으면 어떤 생각을 했을까? 불안한 마음으로 남자친구가 헤어지려고 예비 동작을 취하고 있다고 생각을 했을까? 아닐 것이다. 지금은 바빠서 당장 전화를 받지 못하거나 메시지를 답할 수 있는 상황이 아니라고 생각할 것이다. 그녀의 부정적 해석은 침울한 기분을 만든다. 긍정적 생각은 좋은 기분을 만든다. 자신이 어떤 해석을 하느냐에 따라 자신의 기분도 달라진다. 결국, 자신의 해석과 선택이 기분을 좌우하고 자존감을 올릴 수도 낮출 수도 있다.

사실인지 상상 속의 문제인지 확인해 보자

'브리짓 존스의 일기'라는 영화가 있다. 브리짓은 남자친구 가족과의 상견례 자리에서 언제 결혼할 것인지에 대한 질문에 아직은 구체적으로 일정을 잡지 않았다고 말한다. 브리짓은 남자친구(마크 다시)의 집으로 돌아오는 길에 그 말이 진심이었냐고 묻는다. 남자친구는 무슨 말이냐고 묻게 되고 브리짓은 '바로 그 말'만을 되풀이한다. 브리짓은 남자친구가 결혼 생각이 전혀 없다는 말이 진심인지를 듣고 싶었다. 운전하며 집으로 돌아온 남자친구는 이성적 대화를 하자고 제안한다. 그리고 마크가 잠시 화장실을 들른 사이, 여사친인 레베카로부터 전화가 온다.

자동응답기에서 레베카는 여자친구와의 상견례에 대한 안부를 묻는다. 그 소리를 들은 브리짓은 갑자기 옷을 챙겨 입고 집으로 가려 한다. 남자친구와 대화도 하기 전에 미리 결론을 내리고 집에 가려 했다. 남자친구가 이유를 묻자 자신이 남자친구(마크 다시)와 데이트를 하면 안 되는 이유만을 세 가지나 늘어놓는다. 그러면서 브리짓은 남자친구를 의심한다. 당신은 완벽한 여자만을 기다리고 있으며 이미 찾았을지도 모른다면서 레베카와의 관계를 지적한다. 그리고 울며 집을 떠난다. 남자친구는 이 모습을 보며 "난 단지 화장실이 급해서 다녀왔을 뿐인데 대체 무슨 일이 있었던 거지?" 하며 황당해한다.

사람 중에는 현실 속의 문제를 해결하기보다는 상상 속의 문제를 해결하려는 사람이 있다. 브리짓이 그렇다. 사실 여부를 정확히 묻거나 확인하지도 않고 그냥 자신이 내린 결론에만 집중한다. 대화를 나누자고 말한 남자친구를 기다리지 못하고 혼자 상상 속에서 그림을 그렸다. 궁금한 점이 있으면 그냥 질문하면 되는 것을 묻지 않았다. 가볍게 질문하면서 조금씩 구체적으로 마음을 알아보면 된다. 무슨 심문을 하듯 감정을 자극하지 말고 진심을 물으면 된다.

이해득실을 따져 본다

자존감 하락을 막는 방법으로 사실을 확인하는 것도 있지만, 문제에 대한 행동의 이해득실을 따져 보는 방법도 있다.

브리짓이 남자친구의 감정이나 대화 제안을 무시하고 집으로 돌아가면 얻는 것은 무엇인가?

레베카와의 관계를 확인하지 않고 상상 속에서 의심하는 것은 본인에게 도움이 되는가?

지금과 같은 행동과 사고의 틀은 앞으로 남자친구와의 관계에서 더 긍정적으로 작용할 수 있는가?

지금 이런 마음으로 집으로 돌아가면 자신의 마음은 개운한가? 오히려 감정만 더 상하지 않는가?

브리짓은 남자친구로부터 결혼하자는 대답을 기대했지만, 대답을 얻지 못해 자존심이 상했다. 질문을 통해 얻을 수 있는 것을 질문하지 못했다. 이해득실과는 상관없이 감정적인 움직임에 몸을 맡겨 상한 자존심 때문에 자존감의 하락을 자처했다. 타인과의 차이에서 생기는 관점인 자존심 때문에 자존감이 무너지고 있다. 우리는 이성과 감성 모두를 소유하고 있다. 이 두 도구를 언제든지 꺼내 쓸 수 있지만 적절하게 사용하지 못하는 것이 현실이다. 이성을 활용하지 못하고 감성에 치우쳐 판단하는 것은 자존감을 갉아먹는다.

그것이 사실이라면 나는 완전히 끝장인가를 생각해 본다

만약 브리짓이 생각하고 있는 것이 사실이라면 과연 브리짓은 완전히 파멸인가?

그게 사실이라면 브리짓은 어떻게 되는가?

그게 사실이라는 것은 브리짓에게 어떤 의미인가?

그 사실이 브리짓에게 그렇게 충격을 주는 일인가?

위와 같은 물음에 떠오르는 부정적 사고와 공상들을 모두 적어 놓고 나면, 브리짓은 자신의 불안이나 비합리적인 사고에 대하여 중요한 힌트를 얻을 수 있다.

만약 남자친구가 브리짓을 피했다고 가정해 보자. 그것은 브리짓과의 관계를 끊겠다는 의미다. 그러면 브리짓은 사랑받을 만한 사람이 되지 못한다고 생각을 한다. 그 후 브리짓은 스스로 외톨이가 된다. 브리짓은 비참한 존재가 되고, 그녀의 인생은 살 가치조차 없다고 생각한다. 이렇게 생각하는 것은 브리짓의 패배적 태도다.

이처럼 브리짓과 같은 패배적 태도는 다음의 일들이 기다리고 있다. 내가 좋아하는 사람과 갈등이나 의견 대립이 생기면 위험하다. 다른 사람들과 문제가 생기면, 그 사람과 내가 헤어지는 것으로 끝난다. 남자가 나를 싫어한다면 그것은 틀림없이 내 잘못이며, 그런 사실은 내가 사랑받을 자격이 없다는 것이다. 한 남자가 나를 싫어한다는 것은 다른 남자들도 나를 싫어한다는 의미이기에 나는 혼자서 고독하게 살아야만 한다. 내가 만일 영원히 고독하게 살아야 한다면, 내 인생은 살 가치가 없는 것이다.

이런 비합리적이고 비현실적인 생각은 자존감을 상실하게 만들고 관계를 어렵게 만들어 깊은 불안감을 갖게 한다. 이럴 때는 논리적 근거나 현실적 증거를 따지는 것이 필요하며, 그런 생각이 유익하게 작용하는 점과 손해가 되는 점을 나열해 보면 좋다.

1. 브리짓의 존재가치와 미래, 행복의 가능성이 남자친구에게 있다는 것인 합리적인 생각인가?
2. 그런 생각을 하게 되면 무엇이 유익하고 무엇이 해가 되는가?

3. 브리짓은 남자친구가 자기 마음에서 절대적인 위치를 차지
하기를 원하는가?

때로는 상대방의 존재에 지나치게 중요성을 부여함으로써 오
히려 관계를 망치는 경우가 있다. 이렇게 되면 상대는 부담스
러워진다. 남자친구가 없어도 브리짓은 당장 쓰러지지 않을 것
이며, 다른 남자도 얼마든지 찾을 수 있다. 인생은 살도록 만들
어졌다. 어떤 문제가 생기고 사랑이 깨진다고 해서, 남들로부터
사랑을 받지 못한다고 해서, 인생이 존재할 가치가 없거나 의미
없는 것은 결코 아니다. 존재한다는 것, 그 자체만으로 충분히
의미가 있고 가치가 있다.

나를 사랑하는 방법은 어떤 것들이 있는가?

쾌감예측방법(pleasure predict method)이란 것이 있다. 쾌감
예측방법은 개인의 성장을 가져올 만한 일이 자신에게 어느 정
도의 쾌감을 주는지 100점 범위 안에서 평가하는 것이다. 예를
들면 내가 좋아하는 일이나 행동, 취미들을 우선 나열한다. 그
후 나에게 어느 정도의 쾌감을 주는지 점수를 매겨본다. 그리고

내가 정말 좋아하는 행동을 자주 하면 된다. 이것이 사랑하는 나에게 주는 보상이다.

아침 산책하는 것은 80점, 맛있는 음식 먹기는 70점, 영화보기는 50점, 골프는 75점, 등산은 70점, 여행은 80점, 음악듣기 50점으로 점수를 매긴 후 행동을 개시한다. 이런 일들은 시작하기 전과 행동 후, 평가 점수를 비교해 보면 좋다.

쾌감예측방법을 활용하여 나에게 보상을 자주 하게 되면, 남녀의 만남, 사귐 등이 행복이나 만족의 유일한 원천이 아님을 발견하게 된다. 만일, 남자친구가 있는 여성이 혼자 산책이나 등산을 하면서 공허함이나 비참함을 느낀다면, 장기적으로 볼 때 남자친구에게도 행복감이나 안정감을 주지 못한다. 혼자 있을 때 자신의 인생을 만족스럽고 의미 있게 살 수 있어야만, 다른 사람과의 관계에서도 자존감을 느끼고, 서로 필요한 존재가 된다.

혼자서 여행이나 영화를 못 보는 이유는 다른 사람들이 자신을 외롭고 비참하게 볼까 불안하기 때문이다. 이런 태도는 행복이나 만족을 타인이 결정한다고 생각하는 것이며, 자신의 자유를 제한한다.

이때 나타나는 비합리적 사고나 사고오류로는, 타인이 나를 어떻게 생각하는지 내가 잘 알고 있다는 잘못된 심리추측이며, 타인이 나를 나쁘게 생각하면 앞으로 나에게 좋지 못한 일이 발생할 것이라는 지레짐작의 과오이며, 내가 혼자 영화를 보러 갔다는 소문이 퍼지면 사람들이 나를 가까이하지 않을 것이라는 상상 등이다.

내가 행복해지기 위해서는 반드시 다른 사람을 필요한 것은 아니다. 자기 자신을 좋아하고 사랑할 줄 알 때, 혼자서도 행복을 느낄 수 있을 때, 비로소 자신이 좋아하는 타인과 진정한 사랑을 나눌 수 있으며, 이런 사랑이 자신의 성장에 유익한 기회가 될 수 있다.

강영숙(2007). 교류분석적 측면에서 본 대학생들의 인생각본. 경상
  대학교 교육대학원. 석사학위 논문.

김용애(2002). 이고그램에 나타난 중학생의 자아상태와 인생태도 및
  인간관계만족과의 관계. 한양대학교 교육대학원 석사학위 논문.

김주환 (2011). 회복탄력성. 서울: 위즈덤하우스.

김진혁(2008). 자아상태요인과 셀프리더십과의 관계. 한양대학교
  교육대학원 석사학위 논문.

김진혁(2012). 평생교육 리더십 프로그램 개발의 리더십 파이프라
  인. 평생교육·HRD연구 8(1), 1–19.

문정희(2002). Egogram을 활용한 어머니와 자녀의 자아상태, 지각
  된 어머니의 양육태도, 자녀의 불안과의 관계. 한양대학교 교육대
  학원 석사학위 논문.

박명래(1994). 조직구성원의 자아상태요인과 조직효과성의 관계.
  한양대학교 대학원 석사학위 논문.

방선욱, 이경화, 박천식 (2003). 심리학의 이해. 서울: 교육과학사.

이영호, 박미현(2011). 관계의 미학TA. 서울; 학지사.

제석봉, 최외선, 김갑숙, 윤대영(2010). 현대의 교류분석. 서울; 학
지사.

최승훈(2007). 교류분석(TA)과 성격에 따른 갈등관리 유형에 관한
연구. 총신대학교 선교대학원 석사학위 논문.

하지현(2022). 감정연습을 시작합니다. 서울; 창비.